警視庁監察係

今井 良
Ryo Imai

JN231134

小学館新書

はじめに

人事は組織の全てを司る。会社組織において人事は要諦である。それは警察組織とて例外ではない。

警察庁のもと、47都道府県警本部のうち、4万3000人を擁する日本最大の警察本部、警視庁。その警視庁の数ある部門の中で人事を司り、庁内一のエリート集団とされるのが警務部だ。

警務部には人事一課と人事二課が置かれていて、警視庁本部、102の警察署全ての警察官の人事を担当している。そして警察署には「警務課」が置かれ、警視庁本部の警務部と常に連携している。

警視庁本部には警務部の他に総務部、刑事部、公安部、警備部、生活安全部、交通部、組織犯罪対策部、地域部の8つの部署がある。このうち警務部に所属する警視庁警察官は管理部門ということもあり、刑事部門などの警察官と違って犯罪捜査にあたることはなくデスクワークが中心だ。しかし、唯一の現場部隊が存在する。警察もののテレビドラマなどでも脇役として度々登場している警務部人事一課にある「監察係」だ。

名称から想像できるように、この係はいわば素行不良の警察官を懲戒するセクションで、調査にあたる警察職員は「監察官」と呼ばれ、警視庁内では「警察の警察」として怖れられている存在だ。

ある現役の警視庁刑事は「監察に接触されたら警察官としての人生は終わる」と、いつもの強気な口調から一転して声を潜めて言うくらいだ。

監察係の調査対象は身内である警察官で、普段は犯人を追う立場の刑事捜査官も監察の対象となることがある。そうしたプロの警察官を調査する監察官たちも間違いなくプロフェッショナルである。対象に気付かれないよう、密かにそして速やかに証拠となる事実関係を裏付けていき、対象者の処分を行い組織の綱紀粛正を図るのだ。それも、できるだけマスコミの目に触れないように。つまり、組織防衛が最大の任務なのだ。

監察官には視察対象への徹底した行動確認などを行う警視庁公安部を経験した人材が多

く充てられている。公安に配属される警察官は、昇任試験の成績上位者である。つまり警務部人事一課監察係は、民間企業でいえばまさに「コンプライアンス担当」であり、所属する監察官は「エリート総務部員」ということになる。

「あまりにも破廉恥で警察官としてあるまじき行為であります……」

2017年1月。滋賀県警本部の監察官室長が重々しい口調で警察官による不祥事を発表した。長浜警察署の署員が2016年11月22日に開いた懇親会で、男性署員が余興として女性署員2人にプロレス技をかけたというものだった。スカートを穿いていた女性署員は、手足をつかまれ空中であおむけに体を反らせる「つり天井固め」と呼ばれる技をかけられていたことが明らかになったのである。彼女らの訴えで公になった案件だ。セクハラという言葉が一般化し、コンプライアンスに厳しい一般企業がほとんどという現代において、開いた口が塞がらないほど幼稚な事件だ。監察官室長は「調査を踏まえて厳正に対処する」とコメントするのが精一杯だった。

警察庁のまとめによると、2016年の1年間に不祥事で懲戒処分を受けた警察官は2

６６人に上る。

そのうち逮捕者は81人。前年より９人増えている。

処分別では「異性関係」で94人。さらに内訳は「盗撮21人」、「強制わいせつ20人」、「セクシャルハラスメント17人」だった。「窃盗・詐欺・横領等」は61人。飲酒運転などの「交通事故・違反」は36人に上った。そして部下へのパワーハラスメントなどの「規律違反等」は17人だった。この中には当然、警視庁警察官によるものも含まれている。警察官による不祥事はこのように枚挙にいとまがない。これが市民の安全を守る警察官たちの裏の顔、負の実態といえる。そして監察はこうした警察官を徹底して取り締まるのが最大の使命なのだ。

筆者は警視庁担当記者として監察の実態を折に触れて垣間《かいま》見てきた。文中に登場する監察官は実在し、紹介しているのは実際にあった事案である。知られざる警視庁監察官と警察官の実態を読者の皆さんにお伝えしたいと思い、筆を執った次第である。

なお、文中の肩書き等は当時のものであり、氏名は一部仮名、敬称略とさせていただいた。

警視庁監察係

目次

図版／タナカデザイン

第1章

警察の警察

非違事案

「では当庁警察官による非違事案《ひいじあん》について発表します」

警視庁本部11階の警務部人事一課の会議室。広くない会議室には報道各社のデスクキャップクラスの記者たち。そしてペーパーを手に語りだしたのが、キャリア警察官でもある警視長の人事一課長だ。その傍らに控えるのが、警視正の首席監察官。壁沿いにずらりと並ぶのが、警務部人事一課監察係の監察官たちだ。警察では職員がおかした不祥事のことを「非違事案」と呼ぶ。

これは筆者が出席したことがある「非違事案発表会見」の一場面である。

記者たちにもペーパーが配られ、室内は「一言も聞き漏らすまい」「どんな質問をするか」考えをめぐらす記者たちの熱気に包まれる。真冬でも室内の扇風機が稼働しているのは空気を循環させるためだが、その熱気を和らげるためでもある。

「○○署に所属する男性警部補はかねてから交友関係にあった暴力団関係者に捜査資料を

提供。見返りに現金およそ10万円を受け取ったものである――」

人事一課長は事案の概要を説明した。その後記者から質問が相次ぐ。

記者「発覚の端緒は？」

人事一課長「当庁への匿名での通報があり、監察係が調査を実施し疎明《そめい》に至りました」

記者「認否はいかがですか」

人事一課長「本人は深く反省しているようです」

人事一課長は簡潔に要点だけを答えていく。絶対に余計なことは口にしない。ちょっとでも口を滑らせれば、たちまち記者たちから質問攻めに遭う。署員の不祥事をできるだけ大事《おおごと》にしないのも人事一課長の役割だ。全国に５００人しかいない、東大法学部卒が圧倒的に多いキャリア組の警察庁入庁20年生が警視庁に出向して務めるとされるこのポストは、警務部参事官も兼ねており、いわゆる「出世コース」でもある。

しかし、人事一課長は監察係を管理・監督する所属長だが、あくまでスポークスマンであり、監察の実務、調査は現場指揮官である監察官が率いる「監察係員」の仕事である。

そもそも監察官たちは、我々記者たちの前に姿を現すことはほとんどない。独自ネタを連発するやり手の記者が、監察官らに夜討ち朝駆けを試みるが、ガードが固くつれない対応をされて終わるのがオチだ。このため記者たちが、監察官たちの姿を拝むことができる場が、この記者会見なのである。

警視庁監察係を監督するのは警察庁キャリアの警視監である警務部長だ。そして管理・統括を務めるのが警務部参事官を兼務している人事一課長となる。前述したように人事一課長も警察庁キャリアの警視長である。

そして、監察係の現場責任者は理事官級の首席監察官である。ノンキャリアのエリートが就くポストとされている。監察関係者が説明する。

「首席監察官は警視庁入庁30年超の警視正が就くことが多い。本来なら首席監察官は理事官級で警視が務めるところだが、監察という業務の特殊性から首席監察官は警視正が務めることになっている」

警視庁では「警務部」のほかに「総務部」「地域部」「刑事部」「公安部」「警備部」

「生活安全部」「組織犯罪対策部」「交通部」がある（18ページの組織図参照）。

・総務部には庁内全体の総合調整を行う企画課などがある。企画課の下には警視総監秘書室もある。

・地域部には110番を受理する通信指令本部や職務質問指導室などがある。

・刑事部は殺人などを扱う捜査一課や汚職を扱う捜査二課などがある。

・公安部は極左暴力集団やテロ捜査を行う秘密警察的な部門だ。

・警備部は雑踏や重要防護施設の警備を行い、機動隊を管理している。

・生活安全部には保安課や少年事件課が置かれている。

・組織犯罪対策部は暴力団や外国マフィアの捜査を担当する。

・交通部はひき逃げ事件の交通捜査や、運転免許を管理している。

・警務部には本書の主題となる監察係を擁する人事一課のほかに、人事二課、教養課、訟務課などがある。

警視庁の組織図（2017年10月現在）

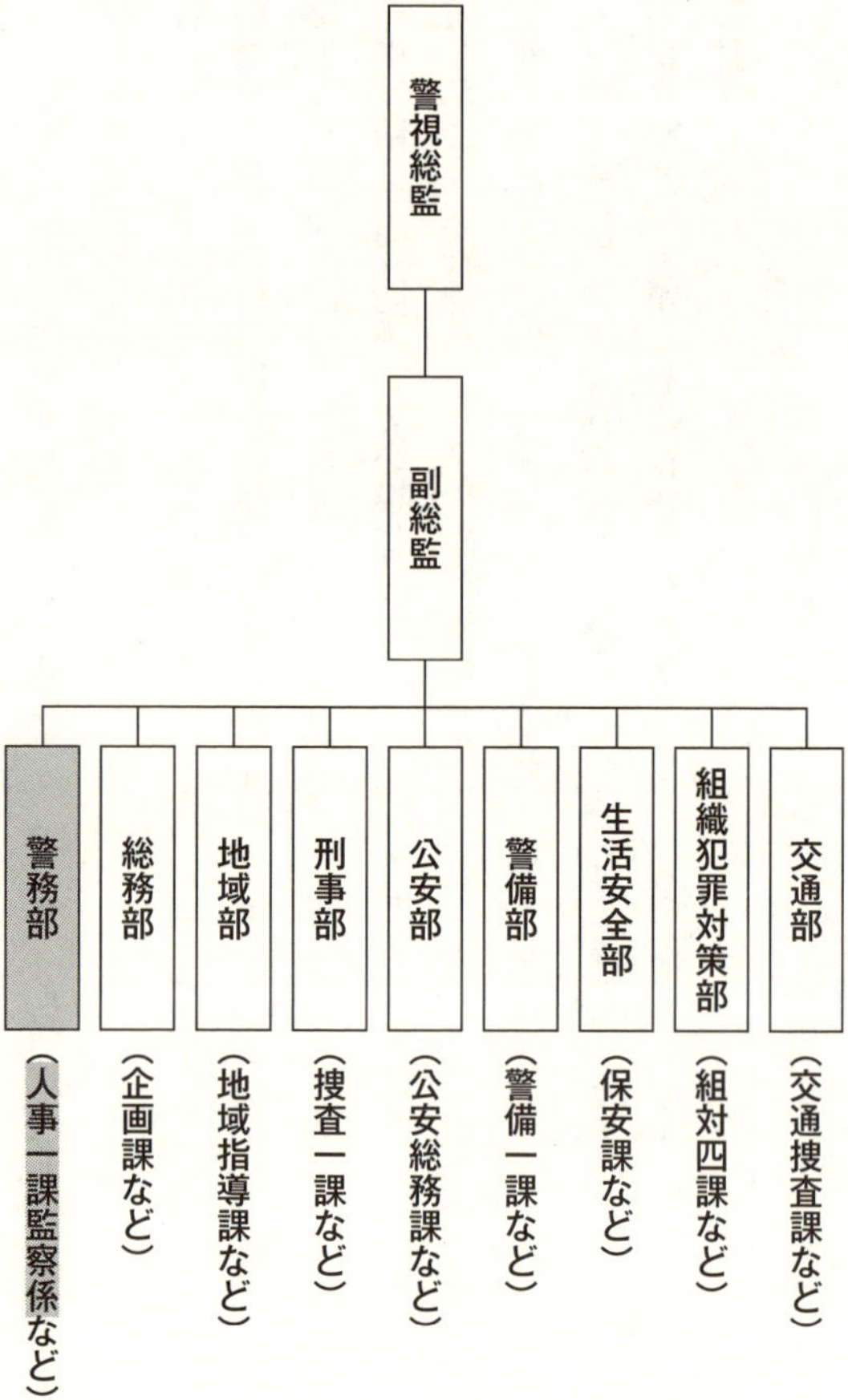

警視庁分掌事務規程によると、警視庁警務部人事一課では次の業務を担当する。

・**庶務係**（警務部内、人事一課内の庶務に関することなど）
・**人事係**（警部以上の警察官や一般職員の任用、配置、退職に関することなど）
・**人事企画第一係**（人事関係の企画、調査に関することなど）
・**人事企画第二係**（年齢構成の平準化に係る人事関係の企画、調査に関することなど）
・**人事情報管理係**（人事情報管理システムの開発、運用、管理に関すること）
・**監察係**（監察、警察手帳の取り扱い、職員の規律、懲戒および分限、営利企業の従事制限、管轄区域外居住、武器の使用、受傷事故防止に関すること）
・**表彰係**（警察表彰、叙位・叙勲・国家褒章、大臣・都知事の行う表彰など）

網掛け部分が警視庁における広義の「監察業務」となる。

「ジンイチ（ヒトイチと呼ぶ者も多い）のカンサツ――」。人事一課の監察係・表彰係は、身内を取り締まる監察機能、そして論功行賞する表彰機能を併せ持つことへの畏怖の意味も込められ、庁内ではこう呼ばれている。

現場トップは警視正クラスの首席監察官

監察係の主たる業務は警視庁内部の「監察」である。

そもそも監察とは何だろうか。監察とは非違事案、つまり警察官の違法・触法行為について、「警視庁監察規程」、警察庁が警視庁をはじめ全国の警察に通達している「懲戒処分の指針」、警視庁警察官の基本ルールを定めた「警視庁警察職員服務規程」、さらに「地方公務員法」などさまざまな規程に照らして調査を行い、監察を統括する警務部長が処分を執行する判断のための事実関係を提示することだ。

このうち、警視庁監察係の行動指針とされているのが「警視庁監察規程」だ。いわば監察官のバイブルともいえる。

規程は第1条から18条まであり、「総則」と「監察の実施」から成っている（巻末参照）。

それでは、筆者が入手した庁内配置図を元に監察係の業務を見てみよう。

監察係組織図

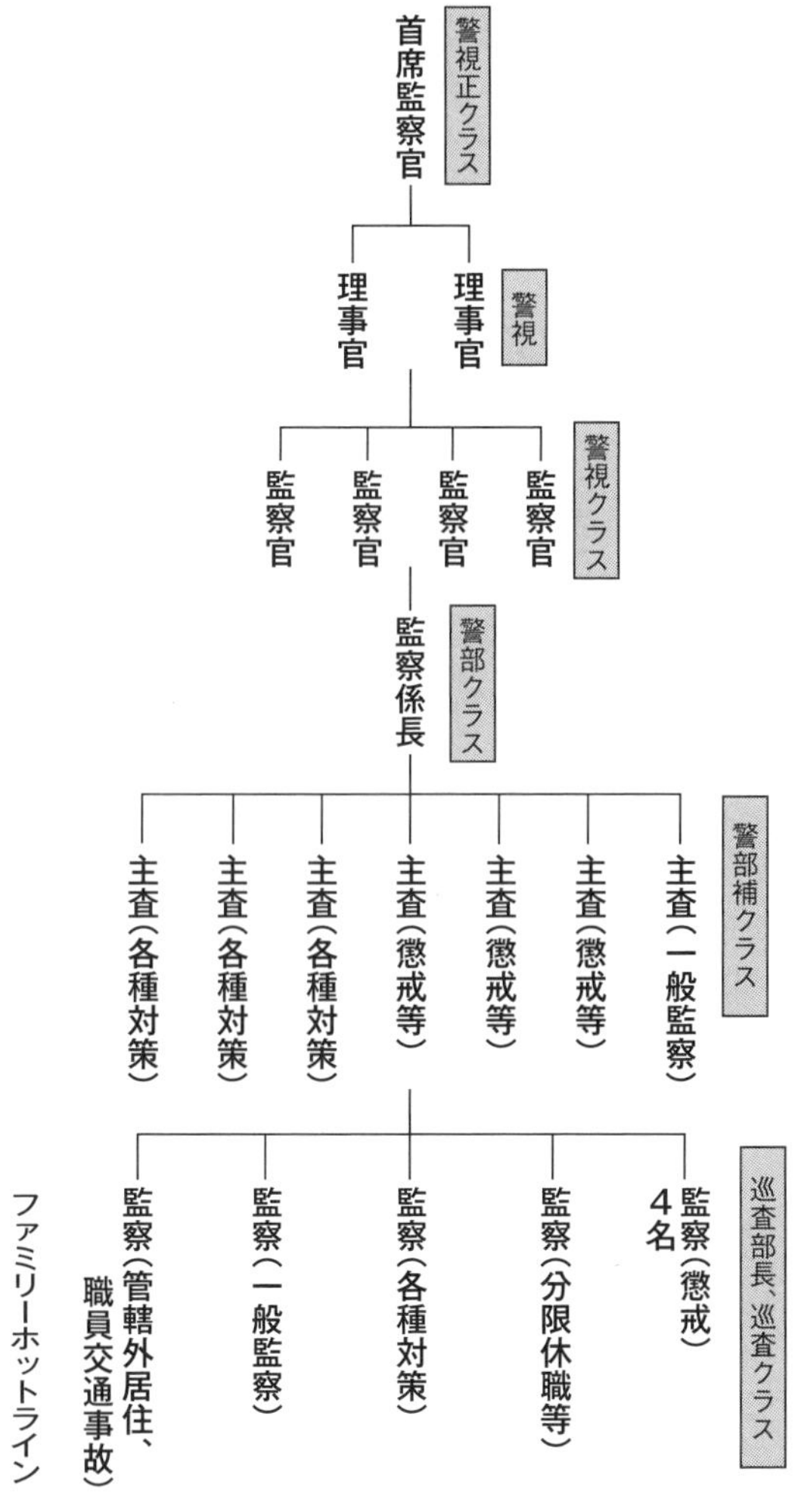
首席監察官
警視正クラス
理事官
理事官
警視
監察官
監察官
監察官
監察官
警視クラス
監察係長
警部クラス
主査（各種対策）
主査（各種対策）
主査（各種対策）
主査（懲戒等）
主査（懲戒等）
主査（懲戒等）
主査（一般監察）
警部補クラス
監察（管轄外居住、職員交通事故）
監察（一般監察）
監察（各種対策）
監察（分限休職等）
監察（懲戒）4名
巡査部長、巡査クラス
ファミリーホットライン

監察執行官は警務部長となっているが、実際の実務統括は人事一課長であり、監察の現場の責任者は首席監察官となっている。

だが実際には、ご覧のように、警視正クラスの「首席監察官」が現場トップとして位置付けられているほか、首席監察官を補佐する２人の「理事官（警視）」がいる。

警視クラスの監察官は４人いる。そして庁内の全部門の筆頭係長とされるのが警部クラスの「監察係長」だ。

「主査」と記されているのは、実際に業務にあたる監察係員のリーダー格である警部補クラスを指している。それ以下が現場の最前線で業務にあたる巡査部長や巡査の監察係員たちである。

ちなみに「ファミリーホットライン」とは、警視庁警察官の家族からの通報を専門に受け付けるもので、外線からも架電可能な電話番号である。家庭内での相談が持ち込まれるケースが多いという。

実は重要ポジションである表彰担当

分掌事務にも記載されているように、警視庁の監察担当は論功行賞、組織の士気高揚のための表彰業務も行っている。

監察関係者は言う。

「実は監察の括《くく》りの中でも表彰係は重要なポジションとされている。なぜなら、警視庁に設けられている全ての捜査本部が、警視総監賞などの表彰の上申を行うのがこの表彰係に対してだからだ。つまり表彰係は管内の全ての事件の概要、全ての捜査体制を把握できる立場ということになる」

表彰係が行う業務は「警察表彰規則」に基づいて行われる。

表彰の上申、つまり申請はその捜査部門の所属長（主に課長）が表彰係に対して行う。その際にはさまざまな資料の提出が必要となる。

「警視庁警察表彰取扱規程」によると、第14条には以下の書類を添付し上申するよう定めている。

1、調査報告書

2、逮捕手続書及び功労者の報告書又は関係者の供述書の写

3、犯罪検挙（被疑者、余罪）一覧表その他功績事実を証明する資料

4、表彰を受けるべき者の履歴書、身上及び勤務成績に関する書類の写

上申された事件は、警視庁警務部長を委員長とし、課長クラスの12人の委員で構成される審査委員会で審議される。

過半数の可決で表彰が決定した事件は、その捜査本部員の人事記録が警視庁人事情報管理システムに登録され、在籍中ずっとついてまわる記録となる。

出頭要請は事実上の「死」を意味する

「警務部人事一課監察係です。本部11階の人事一課までご足労願いたい」

監察官の出頭要請はいつも突然に行われる。しかし、それはあくまで出頭要請を告げられた側の理屈である。

警察署の序列では、署長、副署長に次いでナンバー3にあたる警務課長にとっても、出頭要請はただ事ではない。出頭要請があるということは、その警察署の職員が、おそらく「警察官としてあるまじき不祥事を起こしたこと」を意味し、その職員のみならず、自らも署の人事を預かるものの管理監督責任に照らされ、何らかの処分を受けることになるかららである。そして当然、責任が連座し、署長以下の幹部が軒並み処分されることになる。

出頭要請は、「警視庁監察規程」の第5条に基づき行われる。

第5条　監察執行官は、監察を実施する上で必要があるときは、所属長又は所属長を通じて個々の警察職員に対して、資料の提出を命じ、もしくはその説明を求め、又は指定した日時及び場所に出頭を求めることができる。

まず警務課長から対象の警察官が所属する部署の所属長に告げられる。対象の警察官は外勤に就いていても、理由を告げられることなく本署に強制的に呼び戻される。

そして、所属長から霞が関の警視庁本部に直ちに行くように告げられる。この際に所属長も共に本部に足を運ぶことになる。

警視庁警察官にとって、監察からの電話・出頭要請は職業人生の事実上の「死」を意味するものといっても過言ではない。

一方、出頭を命じる側の監察係では全ての準備が調えられ、対象者の到着を待つばかりとなる。

警視総監室もある警視庁本部11階の人事一課は、限られた部門の職員しか足を踏み入れることがないフロアでもある。監察官は対象者の身上調査票など人事記録、関係資料に改めて目を通し、誰何《すいか》をシミュレーションするという。

次ページにあるような警視庁の身上調査票（人事記録）には、1人の警察官の歩みが漏らさず事細かに記されている。

警視庁の身上調査票は実に細かいところまで記録されている。本人のみならず家族や親類縁者、果ては友人関係も徹底したチェックがなされる。

警察組織は徹底した懐疑主義の組織でもあるからだ。

身上調査票（人事記録）

※氏名は仮名。警視庁関係者からの取材に基づき作成

氏名　桜田　太郎

昭和○年○月○日生　本籍地　東京都

現住所　東京都△区□1の1の10

職員番号　AB123

平成11年　警視庁巡査　拝命

警視庁警察学校　第2356期　橋本教場

初任科教養成績　210人中　5位

けん銃　上級

平成12年　卒業配置　城東警察署　地域課地域第三係

平成15年　任　巡査部長　東京湾岸警察署　生活安全課保安係

平成20年　生活安全部　保安課　風紀第二係取締班

平成25年　五日市警察署　地域課地域第一係

警察学校時代から選別される

「何ものにもとらわれず、何ものをも恐れず、何ものをも憎まず、良心のみに従って、公正に警察職務の遂行にあたることを厳粛に誓います」

警視庁警察学校の卒業式。警察礼服に身を包んだ総代の学校生が警視総監の前で高らかに「服務の宣誓」を行う。この文言は警視庁警察官の守るべき内規を記した「警視庁警察職員服務規程」に基づいている。

警察官を志す者は正義感が強く、悪を懲らしめようと希望に満ち溢れて警察組織の門をくぐる。実際に警察学校では、心身を鍛錬するための厳しい訓練が行われるが、ここで脱落していく者も多い。

実際に警察学校の教官、助教らは「初任教養」と呼ばれるプログラムで入校生をつぶさに観察し「お引き取り願う」ケースも多々ある。つまり「スクリーニング」が行われているのである。

スクリーニングとは警察官としてふさわしいか、適性を徹底的にチェックすることだ。

採用試験でも徹底した調査が行われるが、思想、信条、趣味嗜好《しこう》、何より心身ともに過酷さを極める警察業務をきちんと遂行できるか。重ねて調査される場が警察学校なのだ。そもそも警視庁警察官に採用された段階で、思想・信条などはチェックされている。

警察学校は採用種類別に初任教養の期間が異なっている。大学卒業程度の男子Ⅰ類は6か月。専門学校、高校卒業程度の男子Ⅱ類・Ⅲ類は10か月。女子Ⅰ類は6か月。女子Ⅱ類・Ⅲ類は10か月となっている。

警察官の卵たちは、それぞれこの期間に警察学校という特殊な環境で、学科、実技、武道などの警察官としての基礎を学ぶ。入校生は、それぞれの教官（警察学校の警部補）の名前を冠した、クラスにあたる「○○教場《きょうじょう》」に所属する。教場では、この教官と助教（警察学校の巡査部長）により入校生は徹底したスクリーニングを受ける。

警視庁関係者が明かす。

「警察学校の入校期間中は、面会者、手紙や電話の内容、それに普段から口にしている言葉を敵対勢力のものかどうか密かにチェックする。それらをもとに思想・交友関係を調査し、それが平常点として記録される。学科、実技の成績に加えて平常点は警察官に一生ついて回《まわ》る」

入校生は警察学校を卒業すると、身上調査票と初任教養の成績順位が入った茶封筒を手にして、それぞれ第一線の警察署に配属される。これは警視庁内部では「卒配《そつはい》（卒業配置）」と呼ばれている。

そしてこの卒配から3か月が経過すると再び警察学校に集められ、「初任補修教養」という全寮制の補修を受けることになっている。

「初任補修教養では取り立てて新しいことを学ぶ訳ではないが〝警察組織に忠実であれ〟とか〝警察組織の秘密を外部に漏らすと警察官人生は終わり〟などと、警察組織への忠誠心をさまざまな実例とともに叩《たた》き込まれる」（前出・警視庁関係者）

言葉は悪いが、徹底的に〝洗脳〟するわけだ。

警務課の隠れた任務は監視

警視庁警察官は現場となる警察署に配属されてからも監視されている。その役目を担っているのが「警務課」というポジションだ。

警務課は警視庁全102の警察署内に設置されていて、警察署長の指示がこの警務課を通して発信される。受付、各種証明書の発行、拾得物の処理などが主な業務となっているが、隠れた任務は警察官の管理、監視である。

「あの署員は酒を良く飲む——」

「パチンコにはまっている——」

こうした規律違反行為につながりかねない署員情報に関して、警務課は署内の声をしっかりとすくい上げて記録し、警察署長に報告する。こうした監視の基準となっているのが、前述した「警視庁警察職員服務規程」である。その一部を引用する。

第35条　職員は、勤務に支障を及ぼし、又は品位を失うに至るまで飲酒してはならない。

第38条　職員は、外泊又は2日以上にわたって旅行をするときは、所属長の承認を受けなければならない。

第40条　職員（一般非常勤職員及び臨時職員を除く。）は、東京都の区域内に居住しなければならない。ただし、やむを得ない事情があって、所属長の承認を受けた場合はこの限りではない。

後述するが、他にも規程とは別の明文化されていない独自の「内規」がある。「自家用車を購入したら届け出が必要」や「友人や知人の交友関係の実名、住所の届け出が必要」「携帯電話番号の強制的な調査」「メールアドレスの強制的な調査」などが定められている。

監察にはランクが存在する

警察学校や警察署から上げられた警視庁警察官に関する人事情報は警務部に集約される。そしてそこから監察対象となる事案を炙り出していくのが人事一課監察係の監察官たちだ。

警視庁内部の監察は、「警視庁監察規程」によると次の4つに分けられる。

① 総合監察
② 月例監察
③ 随時監察

④　特別監察

この4つの監察業務が、人事一課監察係の監察官を筆頭に、方面本部の監察官、警察署警務課員によって実施される。

監察にはランクが存在する。最上位とされるのは警視庁警務部人事一課監察係の監察官による監察だ。

人事一課の監察官が手掛けるのは、警視庁警察官が関わる重大な非違事案・犯罪の摘発、免職を含む懲戒処分全般を担当している。

2番目に位置付けられるのが、方面本部の方面監察官による活動だ。警視庁警察官の勤務状況・規則遵守や警察装備品の管理などについて担当する。

3番目が所属内（署内）監察と呼ばれる、警務課と警備課（公安係）が中心となって行う監察だ。主に警察署内の署員の身の回りの規律違反を調査する。具体的には行状、借財、宗教活動、交友関係、飲酒癖、外泊・旅行の届け出、居住地、部外の受験届け出などである。

罰俸転勤

「左遷――」。会社員でも公務員でも聞いてぞっとする言葉だ。民間企業に入社すれば、人事異動はつきものである。異動先が誰もが行きたがらない部署である場合、人はそれを左遷と呼ぶ。警察組織にも当然ながら左遷は存在する。しかし警察の左遷は民間と比べ物にならないほど「過酷」なものだ。ある実在したケースを紹介しよう。

某警視庁警察官は、ある日、人事一課監察係の出頭要請を受けた。警視庁本部に出向くと、監察官と係員に2階の取調室に連行されて聴取を受ける。

「きょう呼ばれたのはなぜかわかっているね？　自分の口から話した方がいい」

同じ警察官同士だが、片や取調官、片や犯罪者のようである。

この警察官の非違事案は、一般女性と不倫関係を持ったことであった。係員は、2人が一緒に写った写真などを警察官にこれみよがしに突き付ける。

動かぬ証拠を突き付けられた警察官はただうなだれるしかなかった。

後日、この警察官に季節外れの人事異動が言い渡された。

「五日市警察署地域課勤務を命ず」

もちろん昇任に伴う異動ではない。五日市警察署という配属先に警察官は言葉を失った。なぜなら彼が居住するのは東京の東に位置する足立区。五日市警察署は足立区からは正反対の東京の西部・あきるの市にあるのだ。通勤に片道3時間かかる。警視庁警察官の日勤の勤務開始時刻は午前8時30分だが、実際は1時間以上前の午前7時から勤務に就くのが習わしとなっている。事実上、自宅から通い続けることは困難だ。

警察官は絶望したに違いない。階級は変わることなく、こうした居住地とは正反対の警察署、しかも過酷な四交替制の交番勤務が定年まで繰り返されることを、この異動内示で悟るのだ。

後日。この警察官は上司に退職願を提出。何の慰留もなく受理された。「依願退職」扱いとなり、退職金が支払われたのは幸いだったかもしれない。しかし、住宅ローン、子供の教育費が重くのしかかる……。

これが警視庁の左遷の実態である。内部用語で「罰俸転勤《ばっぽうてんきん》」と呼ばれている。

島流しは「栄転」

警視庁の全102署の中には島嶼《とうしょ》部を管轄する警察署がある。大島町の大島警察署、三宅村の三宅島警察署、小笠原村の小笠原警察署、新島村の新島警察署、八丈町の八丈島警察署だ。これらの署は署長以下、次長（副署長のこと）、署員総勢でも100人に満たない小規模署である。管轄の島には駐在員も置かれている。

島流し――。この言葉だけ聞くと、まず思い浮かべるのは「左遷」ということだろう。しかし、警視庁では島嶼部の警察署に異動する意味は、左遷の印象とはかなり異なるのだ。現職の警視庁刑事が明かす。

「島の警察署への異動は実は栄転だ。エリートコースを歩んだ人材が、前職のハードな部門での業務を遂行した『ご褒美』に島の警察署に配属される。要はゆっくり英気を養ってほしいというメッセージが込められている」

警視庁では「島流し」が実は論功行賞による栄転先だったのだ。島嶼部警察署に勤務した経験がある警視庁OBが説明する。

「島の警察署は誤解なく言えばのんびりしている。リゾート地特有の時間が流れている。観光シーズンは男女のトラブルなどがあるが、年間を通じて殺人や強盗など事件らしい事件はほとんど発生することはない。島の警察署は、『リゾート警察署』として警視庁警察官の異動希望先ではトップクラスに位置する」

さらにいえば、警察官の出世は昇進試験の成績によって決まる。刑事部門などハードな職場では試験勉強に費やせる時間はほとんどない。しかし、島嶼部勤務となれば昇進試験に充てる時間は山のようにある。前述したように、事件そのものがほとんど起きないからだ。

もちろん、ごく稀《まれ》に殺人など凶悪事件が発生することもある。2011年には伊豆大島で女性が殺害される事件が発生。だが、捜査には地元警察の大島署員があたることはなかった。

警視庁本部の刑事部捜査一課殺人犯捜査係が全ての捜査を取り仕切ったのだ。これには理由がある。前出の警視庁OBが解説する。

「島特有の濃密な人間関係に島の署員も組み込まれてしまっているのが実状。つまりフラットな目線で捜査ができないおそれがつきまとう。こうしたことから島で起こった凶悪事件には本部から捜査一課の1個班が臨場《りんじょう》して捜査にあたっている」

言い方を変えれば、島嶼部勤務はパラダイスといっていい。

不倫相手から暴露されたキャリア警官

女性のハイヒールを手にする男の写真。ページ右端には「警察庁高級官僚がベッドで漏らした国家機密」とのおどろおどろしいタイトルが記されている。2017年2月10日に全国で発売された写真週刊誌に掲載されたこの写真の主人公は警察庁キャリアだった。交際していた女性によって不倫関係を暴露されたのである。

男の名は、佐藤健一郎・警視長＝仮名＝（当時44）。有名国立大学法学部を卒業後、1995年に警察庁に入庁している。神奈川県警外事課長、島根県警警務部長など要職を歴任。2016年8月からは警視庁交通総務課長から、警察庁刑事局組織犯罪対策部・組織犯罪対策企画課・犯罪収益移転防止対策室長に栄転しており、いわゆるマネーロンダリングを取り締まるセクションの司令塔として活躍していた。

2017年1月某日。この日登庁した佐藤の足取りは重かった。事実関係を上司に報告しなければならなかったからだ。

直属の上司である、警察庁刑事局組織犯罪対策部長の中村格・警視監（当時・1986年警察庁入庁）のデスクの前に来た佐藤はおもむろに口を開いた。

「部長、私のことで週刊誌に直当たりされました。申し訳ありません……」

中村は耳を疑った。警視庁刑事部長から異動してきた同じタイミングで佐藤も警視庁交通総務課長から警察庁刑事局に上がってきていた。普段は真面目な仕事ぶりで中村も目をかけていた。佐藤は自らが行った行為をその場で報告した。中村はそれを聞き、佐藤を伴い長官官房人事課へと向かった。

《「警察庁キャリアが警視庁在職中に不倫、相手の会社が業務受注」

警察庁の40代の男性警視長が仕事を通じて知り合った女性と不倫関係になり、女性が経営する会社が警視庁からの業務を受注していたことが分かりました。警察庁は調査を行い、処分を検討しています。

警察庁によりますと、警察庁キャリアの40代の男性警視長は、去年、警視庁交通部に課長として在職中、仕事を通じて知り合った女性と不倫関係になったということです。女性はイベント企画などを行う会社を経営していて、警視庁交通部のイベントやグッズ制作の業務を警視庁側から受注していました。

警察庁は、男性警視長からの報告を受け、今月7日付で長官官房付に異動させました。今後、業務受注のいきさつや情報漏洩《ろうえい》がなかったかなど調査を行い、処分を検討するということです。》

（2017年2月10日　JNN　昼ニュース　全国放送）

キャリアの監察にはキャリアがあたる

警察庁にも監察を担当する部局がある。「長官官房人事課監察担当」である。

警察庁は警視庁はじめ、全国47の警察本部を監督する行政機関で、全国25万人の警察官を指揮する国家機関でもある。ただし、捜査権限は持っていない。キャリア組は警察庁に採用・入庁するが、各警察本部へ赴任する際には「出向」という形を取っている。警察庁長官官房人事課でも、警視庁と同様に監察業務が行われている。警察庁キャリアの入庁30年超の警視監である首席監察官を筆頭に、３人の監察官、彼らを支える課長補佐（警視級）、係長（警部級）が所属しており、総員は10人前後とされている。警察庁関係者が説明する。

「警察庁の監察官の役割は、ずばりキャリアの監察を担当することに他ならない。たとえば、ある警察本部で警察庁から出向しているキャリアの不祥事を、その警察本部のノンキャリアが発見したとする。しかし警察庁との関係性、そして立場上、ノンキャリアである警察本部の監察官が動くことができない。そのため警察庁に報告され、警察庁監察官室が動くことになる」

キャリアの不祥事にはキャリアがあたるということが大原則なのだ。

「警察幹部でもあるキャリアは往生際が悪い。法律を熟知し、行政官でもあり、知恵が働く者も多い。首席監察官の一喝でようやく事の重大さに気付くケースが多い」（前出・警察庁関係者）

不祥事を起こせばキャリア警察官も当然、何らかの処分を受けることになる。そして一方でキャリア警察官は、執行官である部下の不祥事の責任を連座して負う立場であることが多い。

キャリアの懲戒処分で有名なのは、共に「警察不祥事のデパート」と揶揄《やゆ》される、神奈川県警と大阪府警での事案だ。第7章末で詳述するが、神奈川県警では1996年に現職警察官の覚せい剤使用を組織的に隠ぺいした事件が発生。当時、警察庁から神奈川県警警務部長として出向していたキャリアが、史上初の懲戒免職処分となっている。

大阪府警では2015年、現職警察官が不倫相手を絞殺し、逮捕される刑事事件が発生。当時の大阪府警本部長は、刑事警察のエキスパートで、将来の警察庁長官・警視総監候補と目されたエリートだった。懲戒処分を受けることはなかったが、その後警察庁に戻ることなく退官している。ちなみに、キャリアの間ではこの大阪府警と神奈川県警は「鬼門」とされているという。

〝ハイヒール不倫〟の件に話を戻そう。2017年2月初旬。中央合同庁舎2号館19階の警察庁長官官房人事課。佐藤は、警察庁首席監察官をはじめとする監察官と正対し「裁定」の時を待った。

「佐藤警視長。君が犯した行為は警察官としての倫理に悖《もと》るほか、警察庁、全国警察で従事する25万人の名誉を傷つける行為だ。それ相応の処分は覚悟してもらう」

首席監察官が重々しく告げる。当然のごとく、佐藤はうなだれていたそうだ。

佐藤は2017年2月7日付で警察庁刑事局から長官官房付に異動となった。事実上、処分を待つ身の避難的な異動である。佐藤の地位を利用した行為の代償は高くついた。

前出・警察庁関係者はあきれた口調で語る。

「何をやっているのだか。困ったものだ。受注業務で取引先に便宜をはかったということなら国家公務員法に抵触するし、食事代なども相手の女性に出させていたというから開いた口が塞がらない」

その後、佐藤は長官官房付のまま塩漬けされたという。

監察官になるのはエリート

そもそも警視庁監察官は、ノンキャリアの中でもエリートコースをたどった者しかなることができない。監察関係者によると、監察官になるのは警務、公安出身の成績優秀者が抜擢《ばってき》されるという。監察官が生まれるまでにどんな経歴をたどるのだろうか。

1つは、勤務態度・成績が優秀な所轄警察署の地域（外勤）警察官が署長の推薦を受けて「公安講習」を受講する。

公安講習とは、公安捜査員になるためのプログラムで、必ず受講しなくてはならない。そして講習に推薦されるためには警察学校在学時の学科・実技の個人成績がものをいう。講習を受けると「公安捜査員名簿」に登録される。そして、警視庁本部の公安部門、警察署の公安係から「引き」があるとその所属となるのだ。これを警察内部では「一本釣り」と呼んでいる。

そもそも公安部門と監察部門は、その業務の共通性から親和性が高く、人事交流が活発に行われていることでも知られている。

そうした交流から、公安に抜擢された人材が警務部人事一課監察係に抜擢の運びとなるのだ。

またこうした「公安ルート」とは別に、警察署の警務課に所属する成績優秀者も、署長から推薦を受けて人事一課監察係に配属されることもある。こちらは「警務課ルート」といってもよいだろう。つまり監察官は、警察官として講習などの成績が優秀で、公安、警務という警察組織の根幹に関わる部門で薫陶を受けた人材が充てられるということになる。

「監察官は組織への忠誠心が極めて強い警察官が抜擢される。裏を返せば組織の怖さを自らの歩みで体現している警察官だ。監察に抜擢される警察官の周囲の警察官は、より組織に対する畏怖を強めていく」

監察官になるには、公安部門で頭角を現し抜擢されることが何より必要となるのだ。

「魔の1年」を乗り越えなければ署長にはなれない

「マルX《エックス》、○○交差点を駅方面に直進中」

交番の外で立番《りつばん》する警察官が、無線でリモコン室（警察署の無線指令室）に連絡する。

マルXは「警察署長」を表す警察内部の符牒《ふちょう》だ。警視庁本部の「支店」である所轄警察署トップの署長はこのように動向が常に署員によって監視されている。

「署のトップである署長に何かあってはならないということで署長の動向は常に警務課、そして人事一課監察係への報告事項になっている。しかし本来の目的は組織防衛だ」

監察関係者がこう説明するように、署長は地域の警察署のトップ、顔である。当然、さまざまな利害関係者や敵対勢力が籠絡しようと手を差し伸ばしてくる。実際、誘惑に負けてしまう署長もいるという。そうした見えにくい危機を未然にブロックするのも監察の業務なのだ。

そもそも署長になるには、監察の厳しいチェックを受けなければならない。署長候補となってからは「最低1年以上の行動確認」が人事一課監察係によって秘匿に行われる。尾行や張り込みなどの行動確認によって、風評が裏付けられその段階で失脚する署長候補もいるという。署長経験者の間ではこの徹底した監視期間は「魔の1年」と呼ばれている。

そして晴れて署長になってからも、冒頭のシーンのように人事一課監察係が主導する監視は続く。監察関係者によれば、署長や警視庁本部の所属長クラスでの不倫問題、金銭のトラブルは特段珍しいものではないという。それぞれ立場が立場なだけに、公表されることは「ほぼなく」、意外な左遷人事にその結果を見ることができる。

羨望の「一発・一発組」

前述したように、監察官には公安・警務畑出身のエリートが就く。当然出世も早く、警視庁警察官のノンキャリアの昇進構造ではトップグループに位置付けられている。

階級を決める昇任試験は警視庁警察官にとって一生ついてまわるものである。Ⅰ類採用者の場合、巡査部長試験は巡査を拝命して1年以上、警部補試験は、巡査部長経験1年以上の実務経験をもって受験が可能になる。ただし、実質的にはそれぞれ4年の実務経験が必要とされている。

巡査部長と警部補は、司法警察職員として、警察組織では初級幹部と位置付けられている。

警部以上の試験は警部補からの所属長などによる推薦、登用によるものとなる。警部以上は上級幹部と位置付けられる。

さらに警部の2階級上である警視正からは地方公務員から国家公務員へと身分替えされる。警視正以上の警視庁幹部は、地方警務官と呼ばれている。

監察官になる人材は、昇任試験を猛烈なスピードで突破していく。

たとえば、ある監察係員Z氏のキャリアを見てみると、大卒後、警視庁警察学校に入校し、22歳で警視庁巡査拝命、A級署（大規模署）と呼ばれるS警察署の駅前交番に卒業配置。職質などによって検挙実績をあげ、署内の内勤専務と呼ばれる公安部門に推薦され、公安講習を受講し警備課公安係の刑事として活躍。この時点で25歳。

そして、26歳で倍率20倍の巡査部長試験にトップクラスで合格。昇任に伴い、警視庁本部、公安部公安総務課に抜擢される。ここでも課の使命である、協力者獲得工作で多くの協力者を獲得・運用。警視総監賞を受ける。

公安総務課勤務4年の間に内閣情報調査室への出向も経験。帰任すると警部補試験受験を所属長より勧められ、見事合格。

再び昇任配置として、こちらも大規模署であるI警察署に30歳の警務課係長として着任。署内では監察担当として、4年間辣腕を振るう。そうした活躍が本部人事一課監察係の眼にも留まり、警部試験受験を勧められる。学科試験とこれまでの勤務評定、論文・面接試験を経て、晴れて警視庁警部となり、警務部人事一課監察係員として抜擢される。この時

警視庁警察官の階級

階級	警視庁本部	警察署
巡査	（※巡査長は階級には存在しない）	
巡査部長	警視庁本部では役職なし	警察署では主任
警部補	警視庁本部では主任	警察署では係長
警部	警視庁本部では係長	警察署では課長
警視	警視庁本部では課長・理事官・管理官	警察署では署長・副署長
警視正	警視庁本部では課長（警視正以上は地方警務官）	警察署では署長
警視長	警視庁本部では部長・参事官・課長	
警視監	警視庁本部では部長	
警視総監	警視庁警察官の最高階級（警察庁長官は行政職の最高階位）	

点で34歳だ。

こうしたスピード出世をたどる警察官は警視庁4万3000人中のわずか1％にすぎない。そしてこうしたノンキャリア警察官のエリートは「一発《いっぱつ》・一発組《いっぱつぐみ》」と呼ばれ、全職員の憧れ、羨望の的となっている。

ちなみに給与はどうなるのか。昇任に伴い給与体系も上昇するため、警察官は出世が早ければ早いほど貰《もら》える給与も増えていくことになる。Z氏の場合、勤務評定もAAA《トリプルエー》と最高評価であることが加味され、35歳で同階級の最高年俸である約900万円の年収があった。

「キラキラ星」

こうした一発・一発組が警視庁の管理部門である警務部、総務部に配属されることになる。警務・総務部門の警察官は、おおむね制服を着用して業務にあたる。警務・総務部門の警察官は「制服部門」と呼ばれ、こちらも庁内では羨望の的となる。

一方、「制服部門とは相性が良くない」と話すのが刑事部門のある警察官だ。殺人犯捜査を担当する捜査一課出身の警察署副署長が、「まったく似合わず、制服に着られているみたいだ」とぼやいているのを筆者は実際に聞いたことがある。前述したように、そもそも刑事部門は日々の捜査に時間を取られ、昇任試験の勉強時間が他の部門と比べて確保しにくい。

逆に勉強時間を確保しやすいとされているのが警視庁警備部の機動隊だ。警視庁には、第一から第九までと、特科車両隊の計10の機動隊がある。

昇任試験に合格するたびに機動隊から警察署。そして、警察署から機動隊と決まった異動パターンを繰り返す警察官は「キ（機動隊のキ）ラ（警察署の地域課＝警らのラ）キラ星」と呼ばれている。こうした「キラキラ星」の成績優秀者が公安・警務部門に抜擢される傾向が強いとされている。

Z氏は、監察官を務めた後、大規模署の署長を経験し、ノンキャリアとしては最高位まで昇り詰めている。

監察官になればこのように組織で最も厚遇されるのだ。それは裏を返せば、組織に最も忠誠を誓う存在ということになる。監察官をはじめとする警務・総務の制服部門が警視庁の組織力保持の源泉といえる。

「監察官の存在が、組織全体に規律の重要性を否が応でも認識させる。現場の警察官からは疎まれる存在だが、幹部からすれば綱紀粛正を図るための最高の番犬なんだ」（警視庁関係者）

4万3000人の警視庁警察官のトップグループに位置し、警察官を監視しているのが、警察の警察である「監察」なのだ。

次章からは、筆者が実際に経験・取材した中でも特に印象に残っている監察事案を見ていく。

第2章
強力な監視ネットワーク

若い警官が拳銃を所持したまま失踪

《警視庁は2013年10月18日、交番勤務中に拳銃を持ったまま、15日から失踪していた綾瀬警察署地域課巡査長の大下敏則容疑者（24）＝仮名＝を栃木県宇都宮市内で発見、業務外で拳銃を所持したとして銃刀法違反（加重所持）容疑で逮捕した。

警視庁によると、拳銃は実弾5発が入ったまま見つかり発射した形跡はなかった。警察手帳と手錠、警棒も所持していた。数百万円の現金も持っており、警視庁は失踪の動機や詳しい足取りを調べている。

逮捕容疑は15日夜、交番勤務中に勤務を放棄し、拳銃と実弾5発を所持した疑い。警視庁によると、黙秘している。

大下容疑者は同僚に「騒音の苦情があり、現場に向かう」と告げて自転車で交番を出た後、行方が分からなくなった。

16日朝、東京駅の男子トイレで、制服が入ったバッグが見つかったほか、防犯カメラに私服姿の大下容疑者が、東北方面行き新幹線のホームへ向かう様子が写っていたことが判明。
その後の調べで、新幹線に乗り、宇都宮駅で降車していたことが確認され、宇都宮市内のホテルに戻ってきたところを確保された。
警視庁は「言語道断の行為であり、極めて遺憾。捜査を徹底し、厳正に対処したい」とコメントした。》
（２０１３年10月19日　共同通信　全国朝刊向け　配信記事）

非違事案の舞台となる警視庁綾瀬警察署は、東京都足立区谷中４丁目の環状７号線沿いにある。東京メトロ有楽町線・千代田線を使えば、警視庁本部がある千代田区霞が関の「桜田門」からは約30分だ。
第６方面本部管内の11の警察署の中では、最も東に位置する署である。警視庁は方面本部制を導入していて、都内のエリア全域を10の方面本部の管轄のもとに編成しているのだ（90ページ参照）。それぞれの方面本部はおおむね10の警察署から成り立っている。方面本部には本部長がおり、警務・刑事・警備担当の本部員が所属している。さらに方面本部独自の監察業務も行っている。

綾瀬警察署は署員400人から成る。

ちなみに警視庁の警察署にはランクが存在している。千代田区霞が関、通称・桜田門と呼ばれる警視庁本部はいわば総本山。テレビドラマなどでは「本庁」と表現しているが、ほとんどの警視庁警察官は「本部」と呼んでいる。居酒屋などでは、保秘を徹底する姿勢からか、「うちの会社」と呼ぶこともある。

その警視庁本部を円の中心に見立てて、中心に近いところが「A級署」と呼ばれる署員500人以上の大規模警察署だ。警視庁102署の筆頭が、千代田区麹町《こうじまち》にある麹町警察署なのだ。その理由を別の警視庁関係者が明かす。

「麹町署は皇居という超重要防護施設を警戒対象に持つ。皇族方の警備・警衛もほぼ毎日あり、警備部門をはじめ全署員が毎日何らかの業務に就く。それが筆頭署とされる理由だ」

そうしたエリート警察署が円の中心に近いところに存在し、外周に向かうにつれてランクも変化していくというわけだ。

卒配で運命が決まる

２０１３年10月15日。日本列島に大型の台風が接近していた。午後５時15分。警視庁綾瀬警察署もこの日は通常通りの当直体制だった。中央本町交番でも、警視庁入庁３年目の綾瀬警察署地域課地域３係の大下敏則巡査長と先輩巡査部長（50代）が引き継ぎを終え、当直体制に入ったばかりだった。

警察官の基本中の基本、仕事の基礎は「交番」勤務から始まる。地域課の警察官が２人１組で24時間、「一般警ら活動」つまりパトロールに従事するのだ。

警視庁の場合、交番の勤務時間は「日勤」で７時間45分勤務、「当番（夜勤・泊まり）」で24時間のシフトとなっている。日勤は午前８時30分から午後５時15分までの勤務だ。そして当番には２つのパターンがある。「当番」は午前８時30分から翌日午前９時30分までの25時間勤務となる。もう一つの「当番」は午後２時30分から翌日午前９時30分までの19時間勤務が基本だ。交番勤務は「四交替制」で「日勤―当番―非番」のサイクルで稼働している。

大下はこの日、遅出当番の勤務だった。大下は、午後2時に本署に出勤。私服から制服に着替え、拳銃や警察手帳を装備して自転車で交番まで向かう。

大下は1989年に東京都で生まれた。付属高校から明治大学に現役で進み、4年間柔道部で汗を流すことに明け暮れてきた。

関係者によると、父親は地検検事正を務めたこともある検察官で、大下は幼いころから原理原則を大事にするよう、時に厳しい教育を受けたという。就職先も「社会正義の実現」を目指して、迷わず警視庁職員採用試験を受験。成績上位で合格を果たしている。

大下の未来は明るいはずだった。

警察学校での「教養（警察用語で研修を指す）」は肉体的にも精神的にも厳しく、つらいものだった。早朝から深夜までの講義とひたすら鍛錬を繰り返す逮捕術などの実科に音を上げて、脱落していく者も少なくない。都民の安全を守るため、悪と対峙《たいじ》するための大切なトレーニングが警察学校での教養だと徹底的に叩き込まれる。しかし、何より「刑事になりたい」という夢が大下を支えていたという。

ところが、警察学校からの卒業配置＝卒配（配属先）は前述の綾瀬警察署だった。

綾瀬署は警察署のランクとしてはあまり高くないとされている。卒業配置がその後の警察官人生を大きく左右することになるとされているのもあながち間違っていない。卒業配置先で自分にとって良い上司・同僚に恵まれるかどうかは運にかかっている。

しかし、都心の大規模署ならば、警察署そのものにステータスがある。要するに箔《はく》が付くのである。銀行でいえば、本店に近い支店が出世コースとされるようなものだ。たとえ上司や同僚に恵まれなくても、署のランクを拠《よ》り所に生きていけるのだ。

「巡回連絡」と「職務質問」が2本柱

交番勤務の地域課警察官の仕事は激務である。全ての警察官はこの交番での業務をこなすことで成長していくとされる。

「立番」とは、その字の通り、交番の外に立ち、事件発生など不測の事態に備えて警戒・監視をすることである。

警察官が街頭に立つことがそもそも犯罪の抑止効果を生む。そして犯罪に関わりのある者は、警察官を見ると「目を逸《そ》らす」ことが圧倒的に多いそうだ。そうして挙動不審な人物を視界に捉え、誰何していく。人間観察、洞察力を磨くのに最適なのが立番だ。

「巡回連絡」も警察官の重要な業務となる。読者の皆さんも自宅への制服警察官の訪問を受けたことはないだろうか。

巡回連絡は「巡連」とも呼ばれ、地域警察官の活動の1つだ。家族構成や勤務先、自家用車の有無などが警察官の聞き取りによって、巡回連絡簿冊に記録され保管される。法令などが記されている「警務要鑑」には巡回連絡で収集する情報として以下の6つが挙げられている。

1　防犯上注意を要する者
2　犯罪が行われる恐れがある場所
3　犯罪者が立ち回る恐れがある場所
4　災害・事故等の防止上必要な事項
5　犯罪捜査上の手がかりとなる事項
6　その他警察活動の参考となる事項

警視庁の場合、管内は102の警察署に分割されている。その区分が「管轄区域」となる。管轄区域は交番ごとの区域に分けられる。その区域は交番の地域警察官の「所管区」となり、この所管区の最も小さな単位が「受け持ち区」と呼ばれ、巡回連絡の実施区域となるのだ。受け持ち区は警察署長からそれぞれの警察官に「命免」される。ある捜査関係者によれば、命免は次のように行われる。

警察官は署長室で机越しに正対する。

署長は「地域課第一係○○巡査、歌舞伎町交番第十一受け持ち区を命じる」と発する。○○巡査は「はい！○○巡査は歌舞伎町交番第十一受け持ち区を命ぜられました」と大声で復唱する。その後退室して警務係長が差し出す、黒く分厚いバインダーの「命免簿冊」に自らが押印して一連の儀式が終わるというわけだ。

命免簿冊に押印すると、署長からの変更命令がないかぎり、勝手に受け持ち区の変更はできない。全国の地域警察官は例外なく1人につき1つの「受け持ち区」を必ず持っている。

巡回連絡は地域住民との大切なコミュニケーションの場となるため、警視庁本部の地域部では、地域警察官の潜在実績として評価して重要視している。地域部では、1か月を通した巡回連絡の実施時間と実施件数をノルマとして定め、警察官1人当たり数百件もの受け持ちの家庭や会社を最低2回以上訪問するよう指導している。

そして、「職務質問」も地域警察官の重要業務である。警視庁内では「職質」「バンかけ（注・こんばんは、と声をかけることが語源とされている）」とも呼ばれている。職務質問は警察官職務執行法の第二条に基づいて行われる。

警察官職務執行法　第二条

警察官は、異常な挙動その他周囲の事情から合理的に判断して何らかの罪を犯し、若しくは犯そうとしていると疑うに足りる相当な理由のある者又は既に行われた犯罪について、若しくは犯罪が行われようとしていることについて知っていると認められる者を停止させて質問することができる。

この警職法二条が金科玉条となり、地域警察官は「何かおかしい」と感じたら、職務質問をしてもよいと定められているわけだ。地域警察官の基本となるこの職務質問は組織内では巡回連絡と並んで基礎的な捜査活動と位置付けられ、「職務質問強化月間」「職務質問競技会」で与えられたノルマをこなすことになる。

交番勤務が激務とされるのは、警察活動の2本柱である「巡回連絡」と「職務質問」に加えて「常時警戒態勢」を取っているからでもある。つまり勤務についているときに、突発事案・急訴事案と呼ばれる、さまざまな事件・事故・相談に対処しなければならないからだ。

「1人数百件の巡回連絡を受け持ちながら、日々の警察活動にもあたらなければならない。事件事故はもちろん、一筋縄ではいかないさまざまな市民の訴えも交番に次々と寄せられる。常在戦場、フル回転、自転車操業が交番勤務の実態だ」(元交番勤務警察官)

交番勤務は「少年警察官」と「ゴンゾウ」だらけ

警視庁によると、綾瀬警察署中央本町交番の大下は失踪当日、夕食休憩を取った後に当直体制に入っている。相勤《あいきん》の巡査部長は50代。監察関係者によるとこの巡査部長は警視庁本部を経験したことがなく、勤務成績も良くない、いわゆる「ゴンゾウ」で有名だったという。

「ゴンゾウ」とは庁内の隠語で、年配で業務遂行能力が著しく低い警察官のことをいう。

警視庁も御多分に洩《も》れず、大量退職時代を迎えた。ノウハウ・経験を蓄積するベテラン警察官が同時期に大量に退職を迎えてしまったのだ。一方で志願者は徐々に減ってきている。警察業務は社会正義の実現ができることは大きなやりがいだが、実際の業務は「3K（きつい・きたない・危険）」の極みだ。

こうした人員構成の歪《ゆが》みは、警察業務の最前線である地域警察官、交番勤務員を直撃している。

「4万3000人の陣容を誇る警視庁だが、交番勤務は『少年警察官』と『ゴンゾウ』だけになりつつある。これで本当に治安を守れるのか。人員配置をしっかりと考えないといけないのではないか」（元警視庁幹部）

元幹部が嘆くように、実際に警視庁の交番を守っているのが高卒で拝命した10代の「少年」巡査と定年間際の「ゴンゾウ」警察官しかいないということになると、警察力の足元がぐらつく大問題になりかねないのだ。

大下は相勤の巡査部長と次のような会話を交わしていたことが監察の調査で判明している。

「○○部長（相勤の巡査部長）、警らに出たいのですが、よろしいでしょうか」

大下は、月間の職務質問のノルマが低調だったため、自らパトロールを志願したのだった。この日は、台風が接近していたためか、出歩く人も少なく目立った110番通報はなかった。大下はこの日を名誉挽回《ばんかい》の絶好のチャンスだと考えていたのである。

しかし、相勤の巡査部長はこう話したという。

「ダメだ。お前は検挙できないから1人で行かせない。信用できないからな」

大下はその場で特に反論する様子もなく勤務に戻ったとされる。その後、騒音の苦情が入ったと自転車で1人現場に向かっている。

自暴自棄ではなく確信犯

大下に迷いはなかったのだろう。監察関係者は大下の心理を次のようにたとえた。

「コップに水がぎりぎりまでたまったところに最後の一滴が落とされて溢れ出た状態」

監察の調査記録に基づけば、大下の行動は次のようなものだった。

午後11時過ぎ。大下は自転車で交番を出発。10分後、たどり着いたのは交番から南東に約2キロ離れた路上だった。自転車を道路脇に放置し、ボストンバッグを手に近くの小川に歩いて向かう。

そして大下は、肩に備え付けられた受令無線機の線の、あらかじめナイフで切れ込みを入れていた部分を勢いよく引きちぎり、更に胸ポケットに入れていた「Pフォン」を取り出し電源を切り、電池パックも外してしまう。Pフォンは警視庁警察官全員に配備されている専用携帯電話である。5人同時通話や手配写真を全警察官に配信できるほか、いわゆるGPSの「マンロケーション機能」(どこにいるかわかる)も備わっているものだ。従って、大下の位置情報はここで途絶えてしまう。

その後、大下は徒歩で移動。JR綾瀬駅の高架下でジャージに着替える。ここから電車とタクシーを乗り継ぎ、向かった先は陸の玄関口・東京駅。大下は迷うことなく駅のコインロッカーに向かった。鍵を取り出しロッカーを開けると中には3つのバッグがあった。防寒着など着替えのほか、サバイバルナイフ、のこぎり、包丁の刃物類3本が入った3つのバッグのうちの1つを開ける。警察官として貸与されていた拳銃・ニューナンブをタオルにくるんでバッグ底に隠した。もう1つのバッグには現金260万円が入っていた。1か月かけて数回に分けて預金を下ろした。大下は逃避行の準備を進めていたのだった。「自暴自棄の末の行動」と見えた大下の行動は、実は「確信的な行動」だったのである。

最新鋭の顔画像照合システムでロックオン

監察関係者などへの取材をもとに、事案を時間経過ごとに振り返ってみる。

大下の不穏な行動は、相勤の巡査部長から本署警務課にすぐさま報告される。当直担当が一堂に集まって騒然とする中、警務課長は警務部人事一課監察係に架電する。

警視庁本部11階の人事一課。綾瀬署警務課長から通報を受けた監察官がまず電話をかけたのは刑事部捜査一課第一強行犯捜査・強行犯捜査一係だった。強行犯捜査一係は捜査一課内部では「庶務担当」とされていて、警視庁管内で発生した殺人・強盗など強行犯事件の概要や捜査体制などを全て管理している部署でもある。

大下は警察官とはいえ、拳銃という市民にも危害を与えかねない武器を携行したまま逃走を図っていたことから「事件被疑者」として捜査一課が追跡捜査にあたるのが最適だと人事一課監察係は判断したのだ。

覚知からおよそ1時間で、捜査一課に加えて刑事部長の特命捜査を扱う刑事部刑事総務課刑事特別捜査係、初動捜査のプロ集団の刑事部第一機動捜査隊、第二機動捜査隊、第三機動捜査隊からも捜査員が合流し、大下の追跡チームは総勢80人となった。もちろんチームの中心で指揮を執るのはジンイチ、人事一課監察係である。大下への追跡劇が静かに幕を開けた。追う追跡チーム。捜査一課の1個班6人は警察総合庁舎別館4階の捜査支援分析センター（略称ＳＳＢＣ）に向かう。

班長である捜査一課警部が、ＳＳＢＣの第二捜査支援・情報支援係長に差し出したのは人事一課監察係から預かった、大下の経歴などデータが入ったＵＳＢメモリだった。ＳＳ

BCの分析官がパソコンを操作する。大下の制服姿の顔写真を拡大してトレースし保存、更に「あるソフト」を起動した。これがSSBCによる分析捜査の武器の1つである「顔画像照合システム」だ。

この顔画像照合システムは全国の警察の犯罪捜査に活用されていて、警視庁ではSSBCが各部からの要請に基づき実際の分析作業を行っている。

大下の動きは最新鋭のこのシステムによる分析捜査によって直ちに判明した。東京・有楽町の街頭防犯カメラに大下の姿が写っていた。その周辺のカメラ画像を分析していくと、あるビル内のカラオケ店に入っていった。そして日の出前の10月16日午前5時ごろに退店。その後、東京駅のコインロッカーに向かう。ロッカーから3つのバッグを取り出し、そのまま新幹線に乗り込んだのだった。

警視庁本部・警察総合庁舎別館のSSBCでは大下の足取りが「カメラリレー捜査」によってリアルタイムで判明していた。そうした情報が届けられるや否や、人事一課監察係、捜査一課殺人犯捜査係、刑事総務課刑事特別捜査係、第一・第二・第三機動捜査隊の捜査員らが捜査車両で東北方面に次々と向かっていった。

「マル被は宇都宮駅で下車」

「宇都宮市内を検索（警察用語・捜索と同義）せよ」

「市内を旅舎検（ホテル等の宿泊者チェック）されたい」

追跡チームの捜査員に次々と指示が出されていく。大下への包囲網は確実に狭まっていった。

身柄確保

大下は一連の失踪について「思いついて行動した。深く考えていなかった」と後の監察の調査で答えている。それは彼の行動からも読み取れる。

監察関係者によると「寒すぎるのも嫌だ。宇都宮ぐらいだったら気候的にはちょうどいい」と考え、大下は途中下車したという。そして早々に駅近くのビジネスホテルにチェックインした。空腹を感じた大下は、荷物を部屋に置き外出。これもまた駅に近いファミリーレストランに入店する。ここで1時間ほど滞在しているのが確認されている。その後、店を出た大下は大型書店に立ち寄り、漫画本を購入。コンビニに立ち寄りスナック菓子などを買い込みホテルに向かった。拳銃は「盗まれたらまずい」と思い、肌身離さず持ち歩いていたようだ。

追跡チームの車両は5台。10月18日午前6時過ぎには宇都宮市内にそれぞれ到着していた。人事一課監察係員が警視庁本部で待機している担当監察官に電話する。

警視庁警察官が拳銃を所持したまま失踪――。前代未聞の不祥事。警視庁にとって事態は急を要していた。そのため警視庁の追跡チームは栃木県警に連絡を入れていなかった。広域捜査活動、つまり他の管轄で捜査活動をする際には、通常は県警の捜査共助課に申し入れを行うのが決まりだ。つまり相手のシマで捜査をするために「仁義を切る」のだ。警視庁警務部人事一課監察官は念のため、所属長であるキャリアの人事一課長(警務部参事官)経由で、同じくキャリアの栃木県警警務部長に話を通していた。

そして、追跡チームの刑事総務課刑事特別捜査係の捜査員がついに大下が泊まっているホテルを突き止めた。

大下は部屋にはいなかった。捜査員はポリスモード(警視庁の捜査員専用携帯電話)を取り出し、追跡チームの全捜査員にメール送信した。

「マル被は駅前の○○ホテルに滞在中。全捜査員は周辺の関係先を検索せよ」

時刻は午後8時過ぎ。大下が買い物袋を提げてホテルに戻ってきた。捜査員らは大下が入室したことを改めて確認して踏み込んだ。

「追跡班から対策本部。マル被の身柄確保、身柄確保。拳銃とナイフ等を押収」

大下逮捕の一報は、現場の人事一課監察係員から無線で警視庁本部の監察官に伝えられた。日付が変わって10月19日午前0時過ぎ。警視庁本部の皇居側の車両通用口に宇都宮市内から大下を乗せた捜査車両が滑り込んでいく。後部座席の中央の大下は少しうつむき加減だった。隣に座るのは追跡チームの捜査一課殺人犯捜査係・警部だ。情報を聞きつけて集まっていた新聞社、テレビ局のカメラマンが一斉にフラッシュをたき、辺りが明るくなる。

上司ばかりか同僚からも叱責されていた

銃刀法違反で逮捕された大下は取調室に入った。取り調べを行うのは人事一課監察係の監察官だ。

大下は警視庁警察官の中では優秀な部類に入っていた。警察学校での成績は同期の中では上位に入っていたし、巡査部長試験にもすでに事件の4か月前に合格していたからである。24歳での試験合格なので警視庁ノンキャリア警察官の最短昇進コース、「一発・一発組」の仲間入りも夢ではなかったのだ。

大下は監察の取り調べに対して、次のように述べたという。

「私の勤務中、上司に1人で警らに行きたいと伝えると『お前は検挙できないから1人では行かせない。信用できないからダメだ』と言われました」

引き金は上司の言葉だったと明かしたわけだ。タテ社会の警察組織ではよくある場面であろう。ここまで無謀な行動を起こしたのは大下のメンタルの弱さだったのかもしれない。

「大学までは付属高校からの進学など計画通りに進んできていたが、警視庁入庁後は理想と現実のギャップに悩んでいたのだろう。同僚からの評価も実は高くなかったことがわかっている」（警視庁関係者）

予兆はあった。大下は柔道を生きがいの1つにしていた。自信もあった。しかし、2013年1月、練習中に負傷してしまった。得意としていた柔道も猛者ぞろいの警視庁の中にあっては霞《かす》んでいた。大下と近しい警察関係者によると、共に柔道をたしなんでいた警視庁の同僚からも叱責されていたという。

「全然、柔道で実績を挙げていないし、交番に2年もいてまったく成長していない。巡査部長になったとしてもお前はダメだ」

「ダメ」という言葉を同僚、そして上司からも浴びせられていたのだ。大下自身、監察官にこう説明している。

「同僚、上司からの叱責を受けて、失踪や現実逃避の考えが頭を占めるようになった。あらかじめ逃げ場を作っておけば心が折れない」

大下は後の公判の被告人質問の法廷で、失踪した理由について語っている。

「この先どうしていこう、ただ警察を辞めるという判断は今まで警察官を目指してきたのでできず、自分の中でどうすればと考えたときに逃げ道を作っておけば拠り所になると。実際には逃げようとは思っていませんでした。警察官になるために昔から努力してきて、刑事になりたいという思いが捨てきれなくて、それ以外の道を考えられず辞められなかったのです」

懲戒免職の上に実刑判決

大下の逮捕からおよそ1か月半後の2013年12月6日。警視庁警務部人事一課は大下を懲戒免職処分にしている。懲戒処分の指針に照らしても「失踪行為」では、免職・停職・減給は免れなかった。拳銃を所持したまま失踪したことによる銃刀法違反罪については、公判で審理が進められた。免職処分になったのは当然だ。

2014年1月。東京地裁は大下に対し、懲役3年・執行猶予5年の実刑判決を言い渡した。同じ日の午後。警視庁本部11階会議室内に警務部幹部が参集していた。居並ぶ人事二課の採用担当管理官、教養課の管理官、警察学校の助教、綾瀬署の警務課長ら、警察官としての大下の採用・育成に関わった警視庁関係者たちだった。部屋の壁際には首席監察官以下、人事一課監察係の面々も控えていた。この緊急会議では、大下の採用の経緯や、今後の同様のケースの再発防止について話し合われたという。

警察官になる前にはさまざまな「スクリーニング」が存在している。そして所轄警察署に第一線の地域警察官として配属されてからも、さまざまな「チェック」を受ける。それでも転落する警察官が出てきてしまう。ある監察関係者はため息交じりにこう話す。

「監視も一人ひとりの心の中まで見抜くことは容易ではない。だからこそ監視する側の気付きが必要。そこでは監察主導の監視ネットワークが重要な機能を果たす」

前述のように、監察の監視ネットワークは「所轄警察署——方面本部——警務部人事一課監察係」というラインで結ばれている。大下のケースでは、この監視網がどう機能していたのだろうか。監察関係者が続けて明かす。

「警察官として走り出してからはとにかく成績が優秀だったために、逆の評価をされることがなかったのだろう。同僚の情報（2013年1月の大下への叱責）で監察が動くきっかけとなったのは間違いない。そういう意味では端緒情報を入手してからの監察は機能を果たしたといえるが、一歩及ばずだった」

拳銃を持ったまま失踪——。都民を不安に陥れた大下の警察官としての罪は重かった。警視庁はこの事件を受けて監察機能の更なるアップデートを迫られることとなった。

第3章

止まらない密告

相次いだ警察官による拳銃自殺

《警視庁田園調布署（東京都大田区）のトイレで２０１６年２月21日夜に拳銃自殺したとみられる男性署員について、同署は22日、地域課の警部補（53）と身元を明らかにした。

見つかった場所は、２０１５年10月に同署の別の男性警部補＝当時（29）＝が拳銃自殺したのと同じ個室だった。２人は同じ地域課員だったが、担当する係は違うという。警視庁は関連性などについて調べる。

同署によると、警部補は持ち場の交代時間に現れず、捜していた署員が、男性トイレの個室で口から血を流して倒れているのを見つけた。拳銃は近くの床に落ちており、弾が１発発射されていた。

午後４時半ごろ、署内にいたことが確認されており、その後に自殺を図ったとみられる。個室に鍵は掛かっていなかった。

同署の署長は「誠に遺憾。事実関係について今後調査したい」とコメントしている。》

（２０１６年２月22日　共同通信　全国朝刊向け　配信記事）

《警視庁は2014年4月21日、蒲田署内で2月に地域課の男性巡査長＝当時（44）＝が拳銃自殺したのは、上司の男性警部補（52）からパワーハラスメントを受けたのが原因だったとして、警部補を減給100分の10（3カ月）の懲戒処分とした。

また監督責任を問い、当時の署の地域課長（54）を訓戒処分に、署長（58）ら7人を口頭厳重注意とした。

警視庁によると、警部補は2012年9月から蒲田署の地域課に統括係長として勤務。今年2月中旬、職務質問による犯罪の摘発が少ないことを理由に、巡査長ら数人に「身の振り方を考えろ。家族に相談しろ」などと、退職を強要するような発言を繰り返した。

巡査長は2月15日、署内のトイレで、貸与された拳銃を使って自分の頭を撃ち自殺。遺書には「こんなに仕事が嫌になったのは初めてだ」と記され、警部補を名指しして「許せない」との記述もあった。

警視庁の内部調査で、警部補は「パワハラの認識はなかった。責任を痛感している」と話した。警視庁は遺族に経緯を説明し、謝罪した。》

（2014年4月21日　共同通信　全国朝刊向け　配信記事）

2014年から2016年にかけて警視庁管内では2つの所轄署で、警察官の拳銃自殺が発生している。それぞれ「蒲田事案」、「田園調布事案」と庁内では呼ばれているものだ。「蒲田も田園調布もどちらも共通するのが上司によるパワーハラスメントが原因ということ。しかも、田園調布署では半年間に2人が拳銃自殺している。しかも同じ場所だというのだから驚いた。田園調布署内の男性トイレでは自殺した2人の警察官の亡霊が出るという噂《うわさ》まで職員の間で出る始末だ」（警視庁関係者）

典型的なタテ型社会である警察では、いまだパワハラに対する認識が甘いと言わざるを得ない。

拳銃自殺は最悪の案件

2016年2月。警視庁田園調布警察署。拳銃自殺が発生した際の様子は取材に基づくと次のようなもので、発表とは異なっていた。

時刻は当直開始時刻から6時間が経過した午後11時過ぎだった。不穏な「パン」という破裂音――。当直体制の深い時間で大きな事件事故もなく平穏な勤務を各々が送っていた矢先だった。

1階トイレの近くの署の受付で待機中だった刑事課員2人が破裂音のあった男性トイレに駆け込む。3つある個室の入口から向かって一番奥の個室が閉まっていた。ノックする刑事課員。だが、中から返事はない。

結局、ドアをこじ開けると、そこには制服を着たままの男性警察官の変わり果てた姿があった。

警察官にとっての拳銃は「力の源泉」である。拳銃の扱いについては法律、規則、訓令で厳格に定められている。司法警察職員として御しがたい犯罪行為に対してのみ本来行使するものだ。しかし、自らの命を絶つために使う警察官は少なくない。監察関係者によれば、一般市民を巻き込まない事例でも警察官にとって最悪とされるのは拳銃を使って自殺することだという。

「警察法」では、その第六十七条で、警察官は、その職務の遂行のため小型武器の所持が認められている。また「警察官職務執行法」や「警視庁警察官けん銃使用及び取扱規程」では次のように定めている（条文は一部抜粋）。

警察官職務執行法　第七条

警察官は、犯人の逮捕若しくは逃亡の防止、自己若しくは他人に対する防護又は公務執行に対する抵抗の抑止のため、必要であると認める相当な理由のある場合においては、その事態に応じ、合理的に必要とされる限度において武器を使用することができる。

また、発砲した場合は、所属長への報告事項となることも取り扱い規範に明記されている。

第十条

警察官は、けん銃を撃ったとき（盲発したときを含む。）は、直ちに、次の各号に掲げる事項を所属長に報告しなければならない。ただし訓練の場合は、この限りではない。

一　使用の日時および場所
二　使用者の所属、官職および氏名
三　人に与えた危害
四　使用の理由および状況
五　事案に対する処置
六　その他参考事項（けん銃を撃った場合については使用したけん銃の名称、型式、口径、銃身長及び番号を含む）

2　前条第一項本文の規定によりけん銃を使用した場合における前項の規定による報告は、命令を発した部隊指揮官が行うものとする

3　所属長は前2項の報告を受けたときは、ただちに所轄庁の長（注・警視庁では警視総監）に報告しなければならない

4　所轄庁の長は、人に危害を与えた事案につき前項の報告を受けたときは、直ちに警察庁長官に報告しなければならない

「警視庁警察官けん銃使用及び取扱規程」でも、拳銃の貸与、そして管理について厳格に定めている。

第19条（けん銃の貸与）

総務部長は、所属長に対し、あらかじめ数を定め、けん銃を一括して貸与するものとする。

2　所属長は、前項により貸与されたけん銃の中から、所属の警察官に対し、けん銃を貸与するものとする。この場合において、貸与する該当者がいないけん銃は、所属における保管（以下「所属保管」という。）を取り扱い責任者に命ずるものとする。

3　所属長は、けん銃を個人に貸与する必要が生じた場合で、所属保管のけん銃がないときは、別記様式第3号により、総務部長に貸与の上申をするものとする。

第20条（たまの交付）

総務部長は、所属長に対し数を定めて、たまを一括して交付するものとする。

2　所属長は、所属の警察官に対し、規範第13条により装てん等する数のたまを交付するものとする。

第21条（命令保管）

管理責任者は、規範第18条第２項各号に定める場合及び負傷、疾病、講習その他の事由により20日を超えてけん銃等を携帯しない者がある場合は、取り扱い責任者に保管を命ずるものとする。

第22条（依頼保管）

警察官は、けん銃等を携帯しない場合は、取り扱い責任者に保管を依頼するものとする。ただし、これによりがたい場合で、所属長が別に定めるところにより保管するときは、所属長はあらかじめ主管部長、総務部長（装備課装備第三係）及び警務部長（人事第一課監察係）と協議して定めたところによるものとする。

２　前項によりけん銃等の保管を依頼する場合は、別記様式第４号のけん銃配置一覧表と確認の上、別記様式第５号のけん銃整理票と引換えに行うものとする。

第23条（けん銃の保管方法）

取り扱い責任者は、けん銃を保管する場合は、たまを抜いて銃架に掛けて格納庫に保管するものとする。ただし、格納庫の構造等によりこれによりがたい場合は、銃架を用いないで保管することができる。

2　本署当番員（宿直員及び当直員を含む）のけん銃を保管する場合は、たまを装てん等したままあらかじめ所属長が指定した格納庫に保管するものとする。

第28条（けん銃被貸与者の異動及び現在数報告）

所属長は、毎月のけん銃被貸与者の異動状況並びに毎月末現在によるけん銃及びたまの数を、翌月5日までに総務部長に報告しなければならない。

第29条（けん銃貸与カード）

所属長は、けん銃貸与カードを保管し、所要事項をその都度記録しておかなければならない。

これほどまでに厳密に扱いが取り決められているのは、やはり警察官が合法的に拳銃を扱うことができる存在だからである。誤使用、悪用は絶対あってはならない不祥事なのだ。紹介した規則などには直接記されていないが、警視庁など全ての警察官は、警察学校に入校した時点から公務以外での使用は当然禁じられ、私的な使用をした場合は即、被疑者として扱われることも徹底して教育される。

ちなみに官給品としての拳銃は、地域警察官には38口径の「ニューナンブ」、一部の刑事には「シグ・ザウエル」というオートマチックの拳銃が支給されている。

銃刀法違反の被疑者扱い

拳銃自殺を図った警察官は、銃刀法違反の被疑者としての扱いを受ける。それと同時に「なぜ拳銃自殺を図ったのか、原因は何なのか」という原因調査がジンイチの監察によって入念に行われる。

そもそも、警察官が拳銃を使う事件は悪質で、社会に不安を与えるものだ。

2007年には警視庁立川警察署の巡査長が飲食店勤務の女性にストーカー行為を働き、国分寺市内の女性のアパートで女性を拳銃で殺害し、自らも拳銃自殺するというショッキングな事件が起こっている。

このようなケースはれっきとした犯罪行為だが、警察官が拳銃を使って自殺するという行為は、規律違反行為を通り越した、警察官が絶対にやってはならない究極の「コンプライアンス違反行為」とされるのである。

警察官の拳銃自殺は、所轄署警務課、方面本部監察官を通じてすぐさま人事一課監察係に速報される仕組みになっており、最終的には警務部長、そして警視庁トップの警視総監まで上がる最重要報告事案でもある。

事実関係の一報に加えて、上層部がまず速やかに命じるのは、拳銃を使用した自殺についての「原因調査」である。

田園調布事案について、関係者への取材に基づいて原因調査の過程を見ていこう。

2016年2月に田園調布警察署で、拳銃で自らの命を絶った警察官の遺体が署のトイレで見つかった事案。現場では、鑑識係員による実況見分が進められていく。刑事課員も署内にいた職員に当時の状況などの聞き込みを続けている。拳銃を使った警察官の自殺は、銃刀法違反容疑の「事件」として扱われるのだ。

当直署員より緊急呼び出しを受け、総合的に情報を集約していた警察署ナンバー3にあたる警務課長は警察電話を取り、田園調布署を管轄する「第二方面本部」監察官に事案を速報。続いて、人事一課監察係当直担当に通報。人事一課監察官に連絡を入れた（注・警務課長によっては、本部への報告を最優先させる者も少なくない）。

方面本部長は各警察署のお目付役

前章でも触れたが、警視庁は管轄区域を複数の署ごとに「方面」として区分けしている。そして各方面には「方面本部」という拠点機能が置かれている。改めて方面本部について説明しよう。

「警視庁組織規則」によると、方面本部は10に区分されている。そして各方面本部は以下の警察署を所管する。

第一方面　麹町署・丸の内署・愛宕《あたご》署・赤坂署・万世橋《まんせいばし》署・神田署・久松署・三田署・高輪署・麻布署・東京湾岸署・月島署・築地署・中央署・小笠原署・三宅島署・大島署・八丈島署・新島署

第二方面　品川署・大井署・大崎署・荏原《えばら》署・大森署・田園調布署・蒲田署・池上署・東京空港署

第三方面　世田谷署・北沢署・玉川署・成城署・目黒署・碑文谷《ひもんや》署・渋谷署・原宿署・代々木署

第四方面　牛込署・新宿署・戸塚署・四谷署・中野署・野方《のがた》署・杉並署・高井戸署・荻窪署

第五方面　富坂署・大塚署・本富士署・駒込署・巣鴨署・池袋署・目白署

第六方面　上野署・下谷《したや》署・浅草署・蔵前署・尾久《おぐ》署・南千住署・千住署・荒川署・西新井署・竹の塚署・綾瀬署

第七方面　深川署・城東署・本所署・向島《むこうじま》署・亀有署・葛飾署・小松川署・葛西署・小岩署

第八方面　昭島署・立川署・東大和署・府中署・小金井署・田無署・小平署・東村山署・武蔵野署・三鷹署・調布署

第九方面　青梅署・五日市署・福生《ふっさ》署・八王子署・高尾署・南大沢署・町田署・日野署・多摩中央署

第十方面　滝野川署・王子署・赤羽署・板橋署・志村署・高島平署・練馬署・光が丘署・石神井《しゃくじい》署

方面本部は主に警視長・警視正クラスの「方面本部長」が統括している。「警視庁方面本部規程」によると、方面本部長の権限は第3条で定められている。

第3条　本部長は、方面区内の警察署に対し、次の権限を行う。

(1)　監察に関すること。
(2)　警視庁本部、警察署相互間における警察務執行に関する連絡調整に関すること。
(3)　警衛・警護・警備指揮に関すること。
(4)　特命に関すること。

このように、各警察署の「お目付け役」として方面本部長（警視長・警視正）に一定の権限が与えられている。ちなみに副本部長（警視正）が方面本部のナンバー2で、方面本部監察官（管理官クラス・警視）がナンバー3である。

民間企業でたとえるならば、方面本部長は本社の「エリア統括長」、警察署長は「支店長」であろうか。立場は方面本部長の方が警察署長より上ということになる。

ちなみに毎年春の時期に、警視庁では方面本部長を「監察執行官」として「術科監察」が行われる。術科監察の結果は警察署ごとに評価され、各警察署長の指揮・管理能力の差が歴然となるのだ。そのため各警察署では1か月前から、事前に監察を受けそうな項目を調べ上げて訓練を行うという。

監察内容は多岐にわたる。拳銃や警棒、警察手帳など、装備品の点検や警備訓練、行進要領（行進の仕方）、被疑者捕捉要領（被疑者を逮捕するときの手順）、それに逮捕術などが対象となる。最も重要視されるのは装備品の点検＝通常点検である。

通常点検は次のような形式で行われる。全署員が制服等を着用し講堂に集結し整列する。

指揮官が「手帳！」と号令を発する。警察手帳は制服左胸のポケットに入れておかなければならないため、直立した警察官たちは右手を左胸ポケットに当てて素早くボタンをはずして手帳を取り出し、二つ折りの部分を開いて身分証の部分を提示する。この通常点検は「部隊の斉一性と正確さ」が評価基準となり、指揮官の発声にいかに迅速・機敏に部隊が反応し、組織的行動ができているかが重要とされる。方面本部は警察署に睨《にら》みを利かせている機関といえるだろう。

警察内部から「パワハラ」のタレこみ

話を拳銃自殺の調査に戻そう。警察官が拳銃で自殺した場合には、警察署警務課長↓方面本部監察官↓人事一課監察係のラインで速報されるのが通例である。

警察署では原因究明のための調査が始まる。事件から一夜明け、警察署の警務担当、方面本部の監察官、人事一課監察係からは1個班4人が到着し、自殺した警察官の周辺関係者への事情聴取がそれぞれ場所を変えて一斉に行われる。

自殺した警察官の職場である警視庁田園調布署・地域課の同僚・先輩・上司への聴取が

行われていく。

「普段の勤務態度は？」「最近の言動は？」「私生活は？」「夫婦関係・家族関係は？」

こうした、対象者を丸裸にする手法を用いながら監察は調査を進めていく。

「当然、入庁時の試験記録、警察学校での成績や人事記録も徹底して精査される。そして重要視されるのは職場の人間関係、私生活での人脈だ。これらは公安的な捜査手法が用いられ、チャート（相関図）化される。あらゆる情報を速やかに収集し、どこでその対象者に綻びが出たのか。監察は徹底して炙《あぶ》り出す」（監察関係者）

監察官の関係者への聴取など原因調査が進められた結果、自殺した警察官の上司によるパワハラ疑惑が浮上したというわけだ。

「半年間に2人の自殺者を出すことは異常極まりない。自殺した警察官の所属を中心に調査を進めたところ、上司のパワーハラスメントが原因と推察されるという結果に至った」（前出・監察関係者）

その後、自殺した警察官の上司は、警視庁本部2階の取調室で人事一課監察官の聴取を受けている。

「聴取に対して、本人はあくまで『指導の一環だ』という主張を変えなかったようだ。それでも監察はクロと確証していた。タレこみがあったからだ」(警視庁関係者)

いわゆるタレこみとは「密告」のことである。警視庁はタレこみがどこの誰からあったのか、当然のことながら明らかにしない。つまりこの上司にはパワハラと受け取れるような行動・言動が平素から見受けられたということだ。この自殺事案(1人目の事案)が表面化して、内部の人間が人事一課監察係に「内部通報」していたと考えられたのだ。

警視庁内部でのタレこみ・密告は、常に警務部人事一課に寄せられている。警務部人事一課には内部通報に対処するための「ホットライン」が存在するからだ。それが人事一課・制度調査係に設置されている「職場改善ホットライン」だ。警視庁内部では「職員相談110番」と呼ばれている。その名の通り、警視庁内部から、主にハラスメント事案について受け付ける電話相談窓口である。庁内では「駆け込み寺」と呼ぶものもいる。人事一課・制度調査係は担当の管理官2人が統括しており、警部クラスの主査が3人、警部補と巡査部長の係員から成る。制度調査係とは、警視庁内の組織上の問題点について、全ての部署の職員から寄せられたさまざまな意見を洗い出し、解決に向けて調整する係である。

制度調査係には職員110番のほか、「ふれあいホットライン」と呼ばれている何とも不可思議な名称のセクハラ相談に対応するためのホットラインも設けられている。それぞれの電話番号は警察電話で5桁の番号で、外部からも送信可能な一般のFAX番号も庁内向けに知らされている。

警視庁を揺さぶった史上最低・最悪の密告

警視庁の歴史に残る密告は1995年3月30日に発生した國松孝次・警察庁長官狙撃事件の実行犯に関するタレこみだ。警視庁という巨大組織を大きく揺さぶったタレこみは「史上最低・史上最悪の投書」（警視庁関係者）と表現されるほどのいわば「爆弾」だった。

《国松警察庁長官狙撃の犯人は警視庁警察官（オーム信者）。
すでに某施設に長期監禁して取り調べた結果、犯行を自供している。
しかし、警視庁と警察庁最高幹部の命令により捜査は凍結され、隠ぺいされている。
警察官は犯罪を捜査し、真実を究明すべきもの。》（原文ママ）

この文書は、白い紙にワープロで印字されていて差出人は不明だった。狙撃事件から1年半が経過していた1996年10月14日の消印が押されていて、警視庁記者クラブに常駐する報道機関数社に封書で送り付けられた。

「警視庁内部の狙撃事件の捜査に関わる人間のタレこみに違いない。とにかく、事実を公にしようとする強い意志を感じた」（元警視庁幹部）

この当初の内容は事実を指摘するものだった。長官狙撃事件の元立ち（主体となって捜査する）は警視庁公安部。日本最強の情報捜査部門である。殺人罪・殺人未遂罪にかかわる事件なので本来なら刑事部捜査一課が担当するところだが、サリン事件など複数のオウム真理教事件捜査に忙殺されていたために、公安部に白羽の矢が立っていた。

公安部はオウム真理教の在家信者である警視庁の現職警察官が「自分が撃った」と供述している驚愕の事実を把握。ホテル等に軟禁状態にして事情聴取を続け、警察庁にも報告せず隠ぺい工作をしていたことが後の人事一課監察係の調査で明らかになっていた。この事実を何ものかが投書という形で公にしようとしていたのである。

投書を受けて警視庁記者クラブは蜂の巣をつついたような騒ぎになった。とはいえ、お互い抜きつ抜かれつの特ダネ競争相手である。公安部幹部にあたる者、現場の捜査員にあたる者。各社は密かに裏取りに走り出した。

「投書によるタレこみの話をぶつけても幹部はまったく普段と変わらない様子だった。我々の間でもガセネタじゃないかという話もちらほら出始めていた」（元警視庁記者クラブ記者）

しかし、告発者は第2の矢を放つ。1通目の投書の消印の日付から10日後の1996年10月24日の消印の2通目の投書が複数の報道機関、警察庁幹部、警視庁幹部、東京地検幹部に送り付けられたのだ。

《国松警察庁長官狙撃事件の犯人がオーム信者の警視庁警察官であることや本人は犯行を自供しているが、警視庁と警察庁最高幹部の命令で捜査が凍結されていることを、先般、共同通信社など数社の皆様にお伝えしました。各社の幹部の方々が当庁に何か弱みを摑まれているのか、当庁と警察庁最高幹部からの圧力で不満分子の戯言とされているようです。

警察の最高責任者を狙撃し瀕死の重傷を負わせた被疑者が現職の警察官であったとなれば警察全体に対する轟々たる非難や長官、次長、警務局長、人事課長や警備上の責任とは別に警視総監、副総監、警務部長、人事一課長、人事二課長、本富士署長の引責辞職や管理者責任が問われないではすまされないと思います。警察史上、例のない不祥事と批判され、当庁の威信は地に落ちると思います。警察庁と警視庁の最高幹部が、自己の将来と警察の威信を死守するため真相を隠蔽されようとしても真実は真実です。警察官の責務は犯罪を捜査し真実を糾明することです。警察、なかでも警視庁の威信が地に落ちることは明らかですし、被疑者が法的にも社会的にも組織的にも許されないことは当然ですが、組織を守るためとして、この事件を迷宮入りさせ法の裁きを受けさせなくするため被疑者の口を封じようとする有資格者の動きは恐ろしくこれを見逃すことは著しく正義に反すると思います。しかし、家族を抱えた一警察官の身では、卑怯ですが匿名によるこの方法しかありません。心あるマスコミと警察庁、警視庁、検察庁の幹部の皆様の勇気と正義が最後の拠り所です。匿名をお許しください。》（原文ママ）

この2通目の投書が決定打となり、警視庁は衝撃の事実を明らかにする。現職警察官が長官狙撃を自供しており、公安部が極秘裏に軟禁して事情聴取を重ねているというもので投書の内容とほぼ合致するものだった。この事実にマスコミ、世論が一斉に反発し、警視庁幹部が相次いで辞任した。そして狙撃事件自体もオウム犯行説にこだわるあまり、捜査は迷走。現在も犯人検挙には至っていない。極秘に捜査を進めたい意向だった警視庁と速やかな報告を求める意向の警察庁の対立も浮き彫りになっている。

そもそも公安警察の指揮命令系統は「全国一体運用」が原則である。頂点に位置するのは警察庁警備局。全国の公安捜査員の収集したさまざまな公安情報は警備企画課に設置されている「チヨダ」と呼ばれる組織に集約される。ちなみにこのチヨダにも全国の警察から選抜された公安捜査員が所属している。内部の職員名簿に一切記載されない。敵対する組織への潜入捜査など、難易度の高い公安捜査が求められる業務の性質上、捜査員の素性は完全秘匿が徹底されているのだ。狙撃事件への現職警察官関与を巡っては、警視庁公安部が警察庁警備局に報告しなかったことが問題視されたが、隠ぺいを明らかにしようとする内部告発の投書、そして投書の内容がマスコミに報じられたことで明らかになってしまったことに警察庁側は激怒したのだった。いずれにせよ、警視庁と警察庁は国民から厳しい批判を浴びることとなり、2通の告発文書が警察組織に多大なるダメージを与えたのだった。

パワハラの評判は他署でも有名だった

再び話を田園調布署での拳銃自殺事案に戻そう。警察官が拳銃自殺した理由が上司によるパワハラであることは、ほぼ確定されたも同然だった。しかし、当の上司は監察官に対しては前述したように、「あくまで部下のためを思っての指導」と言い張り、パワハラを頑として認めようとはしなかった。

しかし、署内ではこの上司のパワハラは有名だったという。この警察官は50代。多くの署員がいる中で部下を怒鳴ったほか、個別に呼び出して長時間、指導することもあったとのことだ。しかも、この警察官の評判は田園調布署のみならず他の署にも響き渡っていた。「この自殺事案の一報を耳にしたとき、彼の存在を頭に思い浮かべた。『あいつならやりかねない』とすぐに考えたよ。パワハラでこれまで何人も潰してきたという話で有名だっ

たから」（都内西部の警察署員）

パワハラの噂は署員同士のネットワークを介して浸透していたようだ。ここまで拡《ひろ》がっていた情報が署内部から職員相談110番に寄せられたのは当然の流れだったのかもしれない。しかし、警察官の拳銃自殺という最悪の結果を生んだパワハラを止めることはできなかったのだろうか。

「指導とパワハラには境界線がない。部下の受け止め方の問題もある。反りが合わない人間から受けたらパワハラとなるのではないか。こちらは指導のつもりでやっているということをどう相手に感じさせるか。幹部教養をアップデートしていく必要があるかもしれない」（前出・元警視庁幹部）

「幹部教養」とは警察幹部と庁内で呼ばれる層を対象にした教養のことを指す（警察では研修のことを教養と呼んでいる）。そして警視庁をはじめ警察では、巡査部長・警部補を初級幹部、警部以上を上級幹部と位置付けていて、各種の教養が実施されている。

ところで、2人の警察官を拳銃自殺に追いやった上司はその後、田園調布署から東京都西部の警察署に階級も職務も変わらないまま「横滑り異動」している（その後、依願退職）。

事実上の左遷である。しかし、懲罰が軽すぎるのではないか。部下を自殺に追いやった上司は懲戒免職にならないのか。筆者はそう考え、監察関係者にぶつけてみた。

「判断が難しいというのが正直なところなんだ。規律保持のための指導というのは警察組織での活動の根幹をなす部分だから。あくまで指導と主張しているところをそれ以上追及することができなかった。それで遠島《えんとう》（左遷）ということで落ちついたんだ」

そして何より、警察官自らが貸与されている拳銃を使って自殺したという行為の罪の重さが、上司のパワハラ行為と相殺されてしまっていたのだ。

警視庁では、警察職員の自殺や疾病を防止するため、そうした兆候が見られる職員を「非違事案対象者」として警務担当者が密かにリストアップし、日常的に監視・指導を徹底している。

一方で上司や同僚についての密告をまくし立てる職員相談110番の電話は、今日も鳴り続けている。

第4章

風紀を死守する

看板である捜査一課長が更迭

《警視庁は2010年3月15日、捜査一課長の北沢敏彦警視正（55）＝仮名＝を同日付で警務部付とする人事異動を発表した。私的な不適切行為があったとして国家公安委員会の内規上の処分を受けており、事実上更迭した。捜査一課長が不祥事で更迭されるのは異例。

警視庁関係者によると、同庁元職員の女性と交際し、トラブルになっていたことが課長就任後に発覚したという。

警視庁警務部は「私的な行為とはいえ、責任ある幹部として不適切な事案があった」と説明。処分は「懲戒処分に至らない監督上の措置」としている。不適切行為や処分の具体的な内容は明らかにしていない。

北沢警視正は成城署長や鑑識課長を経て2009年3月、捜査一課長に就任。中央大教授刺殺事件などを指揮した。

捜査一課は、都内で発生する殺人や誘拐など凶悪犯罪を捜査する国内最大の刑事集団で、刑事部の要の部署。課長は警視正ポストで、就任時には新聞やテレビなどで取り上げられる。
警視庁は15日付で、鑑識課長の若松敏弘警視を警視正に昇任させて後任の捜査一課長とした。》
（2010年3月15日付　共同通信　夕刊向け配信記事）

突然の就任会見

その「捜査一課長」就任会見の連絡は実に急で慌ただしいものだった。広報課から連絡を受けて集まった警視庁記者クラブの報道各社の「一課担」たち。「仕切り」と呼ばれるリーダー格の一番機、そして二番機、三番機はもちろんキャップやサブキャップも顔を出している社もあった。筆者も担当記者として会見に参加していた。

「どうぞ。ゆっくり入ってください」

捜査一課第一強行犯捜査の庶務担当刑事が警視庁本部6階の捜査一課入口の前にずらりと並んだ記者たちに促した。

記者たちが入っていったのは、殺人や強盗など凶悪事件捜査を中心に行う日本最大の刑事集団、警視庁刑事部捜査一課のトップ、捜査一課長の執務室「一課長室」である。室内は10畳ほどの広さだろうか。入口そばにソファーとテーブルが置かれ、中央にデスクがある。デスクには「捜査第一課長　警視正　若松敏弘」と印字されたプレートが置かれていた。デスクの正面上部には歴代捜査一課長の名前が記載された木製のボードがかかっている。

そしてそのデスクでは若松警視正が着席せず、立って記者たちを迎えた。傍らには捜査一課のナンバー2、警視の理事官が控えている。

「皆さんはじめまして。本日付で第67代捜査一課長に就任しました。といっても先ほど皆さんとは現場で会いましたよね」

若松警視正（以後は敬称略）がにこやかな表情で記者たちを見渡していう。実は若松の就任会見は当初の予定より数時間遅れて行われた。この日の早朝に国分寺市内でグループの仲間割れが原因とみられる殺人事件が発生しており、若松は就任会見の前に臨場していたのだった。若松は自己紹介もそこそこに、事件の概要を改めて説明。記者との質疑応答が続いた。

記者「事件発覚の端緒は？」

一課長「通行人の110番通報からです。初動は三機捜（第三機動捜査隊）、武蔵野署が担当し、事件性が高いと判断し捜査一課も殺人犯捜査係を1個班投入しました」

記者「特捜（特別捜査本部）設置ですか？」

一課長「いや、部長指揮の捜査本部設置になるかもしれない」

記者「ということは犯人の目星はついているということですか？」

一課長「否定も肯定もしません」

時に禅問答のようなやりとりを交えて会見は続いていく。

そもそも若松は前日までは業務もまるで違う鑑識課長であって、この場で記者とやりとりをするなどと考えてもいなかっただろう。若松が急きょ一課長に就任したのは、前任の北沢敏彦・一課長が突然「更迭」されたからである。

「前任の捜査一課長の件について私はお答えできる立場にありません」

若松は自らの就任の理由となった前任の一課長・北沢警視正については、就任会見でも目黒区内の官舎での各社の個別取材でも一切語ることはなかった。

北沢一課長の突然の更迭は、警視庁に衝撃を与える事件であった。そもそも警視庁にとって捜査一課は大看板の1つである。

「警視庁捜査一課はノンキャリア刑事の憧れの部署ナンバー1といっても過言ではない。殺人犯捜査というのは最も難しい事件と考えるのが捜査一課員のプライドなんだ。胸の赤バッジ（S1S＝Search 1 Select＝選ばれし捜査一課員という意味）はその象徴でもある」（捜査一課OB）

トップの警視庁捜査一課長は警視正で、精鋭ぞろいの400人の捜査員を束ねる要職である。

「一課長が更迭されることなんてあるのか。どれほどの問題があったのだろうか」

筆者も当時、非常に驚いたのを覚えている。女性問題のスキャンダルとはいえ、懲戒処分はない。しかし、捜査一課長が更迭されたのは紛れもない事実だ。そこにはジンイチのカンサツ、警視庁警務部人事一課監察係が深く関わっていたのである。

異色の経歴

北沢は2009年3月に第66代捜査一課長になるまでに異色の経歴を歩んでいる。

警察庁に出向し長官秘書官を務めたほか、在ミャンマー日本大使館にも警備対策官として勤務した経験を持つ。そして第九機動隊副隊長時代は九州沖縄サミットの警備にもあたっている。捜査一課在籍中には殺人犯捜査係と誘拐や立てこもり事件を扱う特殊犯捜査係にも所属していたこともある。その後、捜査一課に理事官級の特殊犯罪対策官として返り咲き、鑑識課長を経て捜査一課長になっている。

北沢はどんな人物なのか。筆者も一担当記者として北沢とは面識がある。身長は175センチ、いつも笑みを絶やさず、ロマンスグレーの髪形にメタルフレームの眼鏡がよく似合う、支店長クラスのエリート銀行マンといった雰囲気である。警視庁捜査一課の殺伐としたハードな現場に似つかわしくない「ソフトなジェントルマン」といった印象なのだ。事件指揮でもその印象は変わらなかったように思う。

北沢の在任中で最も有名な事件は中央大学教授刺殺事件だが、犯人検挙につながったのはナンバー2のI理事官の手腕・指揮によるところが大きかった。筆者にとってはむしろ2009年10月に発生した大森駅前のマージャン店で店員が殺害された事件が印象深い。事件は開店前のマージャン店で発生。男性店員の刺殺体が発見され、緊急配備が敷かれたが初動捜査では犯人に突き当たらなかった。庶務担の統括管理官、現場資料班が臨場し、捜査一課長に殺人事件と断定したとの一報。殺人犯捜査係の1個班が出動し、北沢も専用車で現場に駆け付けている。現場を視察した北沢は刑事部長に連絡を入れて特別捜査本部の設置を決定する。いわゆる「特捜設置」である。

特捜本部が設置されるのは、事件発生場所を管轄する所轄署となる。この事件では大森警察署の会議室に設置された。前方には一課長ら捜査幹部が陣取るひな壇が設けられ、中央部分に「デスク担当」のスペースができている。デスク担当は捜査一課のベテラン警部である殺人犯捜査係長と所轄署の刑事課長だ。この2人が中心となり捜査情報を集約するほか、特捜本部の「メンバー編成」も行う。特捜本部の場合、近隣署から応援捜査員が派遣されてくる。所轄署の捜査員に加えて、捜査一課員との相性も加味されてペアが決められる。その後ろには捜査員が捜査会議の際に着席するため、机とパイプ椅子がずらりと並べられる。

北沢は事件発生前後の時間帯の防犯カメラの解析を捜査支援分析センターと進め、容疑者を3日後には割り出した。逮捕されたのは元店員の男。金の無心を巡りトラブルになっていたのだった。

北沢については警視庁記者クラブ担当記者はおおむね好評価だ。

「一課担当の記者と北沢さんとの関係性はかなり良かったと思う。本来警察幹部と記者が近づきすぎてはいけないのだが、ゴルフにはよく行った」（元民放一課担当記者）

「とにかくソフトな印象。警察官らしからぬダンディな紳士だった。女性記者には優しかったように思う」（元全国紙一課担当記者）

筆者が見たり聞いたりした限りでも特に女性記者からの人気は高かったように思う。一方で警視庁、一課内部での反応はさまざまだ。

「鑑識課長時代には目をかけてもらった。試験成績はボーダーラインだったのだが、本部に一番に推薦してくれたのは北沢さんだった。彼の推しがあったから今の自分がいる」

（鑑識関係者）

「敵は多かったんじゃないのかな。スマートすぎるんだよ。それが古参の捜査員からみると面白くない。見栄えも良くて仕事もできるし、嫉妬の対象だね。男の嫉妬はたちが悪いからね」（元警視庁幹部）

「マスコミとの距離が近いことは庁内でも話題になっていた。捜査一課長が記者と一緒にゴルフに行くなんて通常あり得ないからね。政治家じゃあるまいし、と怒っていた捜査一課ＯＢもいた。人間関係を作るのがうまいんだろうけど、そこは是々非々で筋を通さないと。更迭の一件も足をすくわれたという見方は多いよ」（元捜査一課員）

北沢は、やはり組織内部で恨みを買ってしまっていたのだろうか。

彼の強みである「人たらし」の部分がフレームアップされて警察組織を追われることになるのである。

週刊誌で不倫が暴露されることを察知

２０１０年３月10日。人事一課監察係の監察官にある情報がもたらされた。

情報提供元は、総理官邸の耳目とされる内閣府の情報分析機関「内閣情報調査室」の担当者。国内部門に所属し、警察庁から出向しているエキスパートだ。旧知の監察官に、警視庁のスキャンダルを報じる記事が近日発売の週刊誌に掲載されることを忠告してきたという。

これにより、監察は北沢の非違事案を認知することになったのだ。記事のゲラを入手した監察係員がコピー分を数部持ち、会議室に急きょ集まったメンバーに配布。監察官、係員は黙々と目を通していたという。

キタさんとの「公舎不倫」6年（筆者注 タイトルは仮名）

タイトルはおどろおどろしく、監察係のメンバーは同じ警視庁警察官として思わず目を背けたくなるものだったという。記事の内容は冒頭の配信記事同様、北沢がかつての部下だった警視庁の元女性職員（42歳）と6年に及ぶ不倫関係にあり、トラブルになっているというものだった。女性はこの週刊誌に独占告白という形で、文字通り北沢との関係を洗いざらいぶちまけていた。女性は記事内で北沢を「キタさん」と呼び慕い、時には北沢が家族と離れて単身居住していた警視庁の官舎で会うことも度々あったと告白している。

監察官から北沢の件について報告を受けた監察のトップ、警務部参事官を兼ねるキャリアの人事一課長がGOサインを出した。ついに監察が動き出したのだった。

非違事案の調査対象者は警視庁刑事部捜査第一課長、北沢敏彦警視正。400人の捜査員を束ね、都内の凶悪事件を捜査する指揮官のスキャンダルである。早く事態を収束させないと警視庁が組織として受けるダメージが大きくなる。監察係の1個班は直ちに北沢の元に緊急走行で向かった。

私生活上の規律違反行為

目黒区内の捜査一課長官舎は一見すると普通の一軒家である。監察係のメンバー4人が乗る捜査車両は官舎のすぐ近くで待機し、北沢の帰宅を待っていた。そしてこの日は一課担当記者の官舎での個別取材がない水曜日だったため、辺りに記者の姿もないことを監察係員は確認。4人の監察係員は帰宅した北沢の前に立ちはだかり、任意同行を求めたという。

北沢は黙って監察係の同行に応じたようだ。これから始まる監察の厳しい追及に対するあきらめの念と、一課長という立場が崩れ去った絶望感が同時に北沢には去来していたのではないだろうか。

北沢は警視庁本部2階の取調室に同行された。警察組織にとって異性問題はご法度である。その掟を破った警察官は監察による内部調査の対象となる。基本的に扱いは事件被疑者と同じである。

監察係の調べに対し、北沢は元女性職員との不倫関係を認めた。元女性職員が週刊誌に語ったように、北沢との関係が6年に及んでいたこと。さらに北沢が官舎に女性を招き入れていたことも白状したのだ。公務員のための宿舎である警察官舎が不倫の現場となっていたのだ。

監察係による聴取は、警察庁が通達している「懲戒処分の指針」に基づいて行われた。

これは警察庁ナンバー3の警察庁長官官房長が2002年7月15日付（後、2009年に一部改正）で全国の都道府県警察に通達したもので、警察官の規律違反行為について定め、どのような処分が行われるかを示している。

規律違反行為は「職務遂行上の行為」「私生活上の行為」「管理監督上の行為」の大きく3つに分類されている。さらに細目をまとめると次のようになる。

懲戒処分の指針（警察庁　丙人発　第83号　平成21年3月26日付）

【A　職務遂行上の行為】
1　捜査一般関係
2　留置業務関係
3　交通指導取締り関係
4　装備品関係
5　その他規律違反関係

【B　私生活上の行為】
1　他人の生命・身体関係
2　他人の自由・平穏関係
3　他人の財産関係

4　道路交通関係
5　その他規律違反関係
【C　管理監督上の行為】
1　故意によって規律違反行為の防止をしない
2　過失によって規律違反行為の防止をしない

北沢の事案の場合はBの「私生活上の行為」の5の「その他規律違反関係」ということになる。条文では「公務の信用を失墜するような不相応な借財、不適切な異性交際等の不健全な生活態度をとること」を定めており、懲戒処分の種類としては「戒告」にあたるとしている。

警察官はそもそも公務員であり、法律で定められた行動基準がある。国家公務員法と地方公務員法で懲戒が定められているのは「法令違反」「職務上の義務違反」「公務員である全体の奉仕者としてふさわしくない非行」の3つの点だ。これらに反していた場合に発動されるのが「懲戒処分」だ。懲戒処分は「免職」「停職」「減給」「戒告」の4つで、事案について監察係が調査し、最終的には警視総監に上申し決裁を得て発動される。

つまり警視庁をはじめとする全国の警察官は、懲戒処分の指針と公務員法によって規律を保持し職務にまい進することを義務付けられているのだ。

これらに加えて、それぞれの都道府県警察の「内規」というものも存在する。民間企業で言えば社内規則に当たるものだ。「本部長訓戒」や「所属長注意」などといったものが内規に違反した行為に対する処分となる。混同しやすいのだが、これは懲戒処分とは異なる。

これまで本書で扱ってきた「非違事案」は、イコール「警察官の違法・触法行為」である。警察官の不祥事全般を警察内部の用語で置き換えているだけに過ぎない。非違事案とは「警察官の犯罪」「警察官の規律違反行為」「警察官の非行（公務員不適格）」の3つで構成されているといえる。

北沢の事案は最終的には「内規違反」という処分になっている。つまり前述の懲戒処分の指針に照らしての処分は行われなかったのである。監察関係者が説明する。

「警視庁の看板ポストとされる捜査一課長への懲戒処分は何としてでも避けたかった。懲戒処分にはランクはあるものの実質的には処分を受けた者にとっては職業的な死を意味するものだ。ただやはり看板の一課長が不倫となると立場上、無罪放免とはいかない。何らかのペナルティが必要だった」

警察が何よりもメンツを重んじる、いい例だろう。

仕掛けられる罠

警察官が最も誘惑に陥りやすいとされる三大要素が「酒」「金」「異性」とされている。当然、監察係のマークする対象者はそうした誘惑に負けてしまった者たちである。北沢の事案もまさにその1つだったといえよう。

「相手の元女性職員は庁内でも有名な存在だった。まことしやかに噂されていたのは、女性が複数の警視庁警察官とも関係を持っていたという話だ」（警視庁関係者）

本書では、この女性の個人の資質に関わることに触れるのは差し控えたい。しかし、悪意を持って警察官に近づく女性もいる。警察が敵対する組織からは時に「ハニートラップ」を仕掛けてくることも多い。

「暴力団組織を捜査する組織犯罪対策部や外国のスパイとの諜報戦を繰り広げている公安部の外事担当者がハニートラップの標的になりやすい。むしろ敵対勢力は警察官に罠を仕掛けようと接触してくるケースが多い」（元監察官）

いずれにしても、異性が絡む不祥事を起こした警察官は、懲戒処分とならなくても必ず何らかの制裁を受けることになるのだ。

左遷された後、自主退職

話を北沢に戻そう。北沢は、監察の聴取を受けた後、冒頭の配信記事の通り、捜査一課長を更迭されている。新たに捜査一課長に就任した若松と入れ替わるように、北沢にも人事異動が当然発令された。

「更迭された北沢の行き先は警察庁交通局の附置機関、自動車安全運転センター安全運転中央研修所になった。誰がどう見ても左遷だ」（捜査一課関係者）

北沢の異動先は、自ら経験したこともない交通部、しかも都内から遠く離れた茨城県内にある施設だった。自動車安全運転センターは、全国交通警察の司令塔、警察庁交通局の付置機関で、安全運転中央研修所はその研修施設。全国の都道府県警察で白バイを扱う交通警察官、覆面パトカーを扱う捜査員などが、主に捜査に必要な運転技術などを習得するための施設である。警察車両を運転するためには、普通自動車免許に加えて、警察官しか習得できない「青免」が必要となる。ちなみに安全運転中央研修所には青免の試験場も設けられている。北沢はこの研修所の部長に異動となった。事実上左遷され、塩漬けされたのだった。そして2012年に警視正のポストのまま退官し、現在はある財団法人に勤務している。

筆者が北沢の先輩にあたる元一課長に北沢の話を問うと、数十秒考え込むように沈黙してから口を開いた。

「彼はやはり捜査一課長の器じゃなかったのかもしれない。俺は先輩一課長として実は就任時に心配していたんだ。脇が甘いんじゃないかってね。捜査一課のプライドを引き継いでいなかったんだよ。捜査一課は警視庁の星だからな。絶対に足をすくわれることがあってはならないんだ」

必ずホシを挙げる――。ただそれだけを追求し、それ以外のことは全て捨て去らないと捜査一課で働くことはできないのだ。

婚約中の女性警察官を殺害した男性巡査

《2014年4月12日午前5時10分ごろ、埼玉県狭山市新狭山2丁目のマンションで「人が落ちてきた」と119番があった。

狭山署などによると、落ちてきたのは警視庁K署の原口信哉巡査（24）＝仮名＝で、マンション敷地内で倒れ、既に死亡。同じマンションにある原口巡査の自室で、女性が腹から血を流して倒れているのが見つかった。女性は警視庁T署巡査の篠沢淳子さん＝仮名＝（24）で、既に死亡していた。

自室ベランダに血痕が残っており、原口巡査が篠沢さんを刺した後、飛び降り自殺したとみて、詳しい状況を調べている。

近くに住む原口巡査の父親が異変に気付いて室内に入り、篠沢さんの遺体を発見した。遺書は見つかっていない。

警視庁によると、2人は幼なじみで、2012年に入庁。昨年から交際していた。だが昨年8月、原口巡査が、大学の後輩の名前を無断で使って警視庁の採用試験を申し込み、自分が勧誘したと偽った不祥事が発覚し、内部調査を受けていた。今年3月末の予定だった結婚は延期になっていたという。

12日早朝、近くに住む女性会社員(60)は「朝から規制線が張られ何事かと思っていた。（警察官の事件だとしたら）恐ろしい」と話した。

現場は西武新宿線新狭山駅の西約150メートルのマンションや住宅が立ち並ぶ地域。》

（2014年4月14日　共同通信　全国朝刊向け　配信記事）

交際相手の住所・氏名も届け出義務

悲惨な結末を迎えた事件である。被害者である女性警察官は、父親や兄も警視庁警察官であり、典型的な警察一家で生まれ育っている。原口と女性警察官の関係も、警視庁内ではよくある「職場結婚」だ。

そもそも、警視庁警察官は異性との交友関係については厳密にチェックされることになっている。その規範となるのが第1章でも一部について触れた「警視庁警察職員服務規程」

だ。警視庁警察官としての掟《おきて》となるもので、41の条文から成る。「服務の基準」「職務」「品位の保持」などを具体的に定めている。さらに警視庁職員の掟である「内規」が存在する。民間企業で例えるならば「社内規則」である。具体的には次のようなことを守ることを定めている。

・休日でも管轄外地域に出るときや日帰り旅行には届け出が必要（37条）
・休日でも自宅以外に泊まるときや二日以上の旅行の時は所属長の承認が必要（38条）
・自家用車を購入したら届け出が必要（内規）
・休日でも車で旅行するときは署長の承認が必要（内規）
・交際相手、友人や知人など交友関係の実名・住所の届け出（内規　人事記録に記載）
・携帯電話番号の強制的な調査（内規　人事記録に記載）
・メールアドレス・ＳＮＳの強制的な調査（内規）
・資格試験を受験する際には所属長への届け出が必要（41条）

中でも警察社会特有で一般的にはまず考えられないのが「交際相手の届け出」だ。届け出は書類で直属の上司に報告し、決裁を受けなければならない。その記録は最終的には人事一課にまで決裁が回され、人事記録に記載されて半永久的に残るのだ。

特に若い男性警察官は「酒と女性問題」で失敗しやすい。敵対勢力に関係する女性が忍び寄ってくることもあるし、警察官の異性トラブルに対しては世間の目は当然厳しい。そうした事態を防ぐためにも、若い男性警察官は交際相手のチェックをクリアすると上司から一刻も早い結婚を迫られる。

そこで上司が推薦するのは女性警察官との交際・結婚である。職場での恋愛が御法度な民間企業は少なからずあるが、こと警察社会ではむしろ大歓迎されるのだ。

警視庁の女性警察官は男性警察官に対しそもそも絶対数が少ない。警視庁のまとめによると、4万3000人の警視庁職員のうち、女性警察官は2017年6月末現在で約9・3％（＝約4100人）となっている。警視庁職員全体の1割にも満たないのが現実である。

更に実に85パーセントの女性警察官が警視庁の男性警察官と結婚しているとするデータもある（警視庁における女性の視点を一層反映した警察運営について　2016年9月副総監通達）。

つまり職場結婚が8割強を占めているのが警視庁なのだ。

論功行賞を狙い、大学の後輩の受験をねつ造

原口は篠沢さんとは幼なじみの関係だった。

結婚するはずだった2人だったが、原口が身勝手な行動で全てを台無しにしてしまったのだ。原口の身勝手な行動——それは2013年8月に発覚した「非違事案」であった。

原口は大学の後輩の名前を無断で使い、警視庁の採用試験の申し込みをしたのだった。つまり自らの実績評価を高めようと、架空の申し込みをしたとして人事一課監察係の調査を受けていたのだ。

「こうした悪い情報は組織内をどういうわけか、あっという間に駆け巡る。原口の非違事案は結婚を前提とした交際相手の篠沢さんにすぐに伝わった。その後から2人の関係はぎくしゃくし始めたようだ」（警視庁関係者）

監察は、この事案を「懲戒処分の指針」における「職務遂行上の規律違反行為」として原口への徹底した調査を行っている。警察官採用に関するリクルーター業務は人事二課の

担当業務であり、「リクルートコーディネーター」と呼ばれる警察職員が主にあたることになっている。リクルートコーディネーターには庁内の警察官から「後輩が受験したい」などといった情報が寄せられ、情報を寄せた警察官に対しては論功行賞があるのだ。

原口はこれを狙い、後輩の受験をねつ造したのだった。

非違事案対象者に対する監察の調査は過酷なものだ。警察官はそもそも労働三権を保障されていないし、あくまで組織内部の調査のため、自らの言い分を通したり、反論したりできない。

監察は、容疑を裏付ける事実関係をがっちり固めてから本人を警視庁本部に呼び出して、あらゆる証拠を突き付ける。監察関係者によると、監察は次のように実施されているという。

監察係にとって、極秘に対象者の身辺調査を行うことが最初のミッションである。対象者が出勤する時間、退庁する時間に合わせて尾行や張り込みが行われる。平日の午後5時15分以降の警視庁本部1階の都民ホールと呼ばれているエントランスホールには退庁者の波が絶えない。監察係員はこの中に紛れ込み、対象者の尾行を開始する。立ち回り先、会った人物、帰宅時間をチェックする。

自宅などに入ったところを確認することを「送り込み」といい、自宅を出て立ち回り先や登庁を確認することは「吸い出し」と呼ばれている。尾行や張り込みは全て報告書としてまとめられ、人事一課幹部に速やかに報告される。監察活動は繰り返し行われ、もちろん接触した人物なども詳細に記録され、身元照会され情報が付き合わされる。

証拠の場面などは全て秘匿に撮影され、報告書に添付される。そしてそれらがそろった後に「任意同行」を求めるのだ。当日は家から出てくるのを待つために、周辺で車を配置し待機。対象者が出てきたら自宅からしばらく離れた場所で監察と身分を明かし、同行を求める。

抵抗する素振りを見せたり、非違事案の事実を否認したりする対象者には、監察係員が半ば拉致同然に捜査車両に押し込むこともあるという。

「庁内では『人事が動く』『監察が動く』と呼ばれて怖れられている。監察の追っかけ（尾行）は公安並みで監察にマークされたら絶対に逃げられないし、警察官人生はそこで終わったも同然」（前出・警視庁関係者）

原口は、もう袋のネズミのような状態だったのだ。

婚約者とのデート費用捻出のため

原口の非違事案は、採用担当部署である人事二課による、名前を使用された受験者への照会ですぐに判明した。原口の人事記録はすぐに回覧され、密かに調査が始まった。

原口はK警察署でリクルーターを務めていた。リクルーターとはその名の通り、警察官の採用者数を増やそうと、若手警察官が自分の出身校の後輩に受験を勧める役割の警察官のことを指す。原口も大学では剣道部に所属していたため、その後輩に警視庁受験を勧めようとしていた。原口の声掛けによって、2013年9月の警視庁警察官採用試験には後輩8人が臨む結果となる。しかし、このうちの2人について原口は、本人に無断で氏名等を用いて試験の申し込みをしてしまう。監察でもこの事実を認知し、有印私文書偽造の疑いで原口への刑事処分、そして懲戒処分の検討も視野に動き出していたのだった。

「原口が採用試験の受験者をねつ造したのには理由があった。金が必要だったからだ。警察署内のリクルーター活動の費用を篠沢さんとのデート費用に充てていたという話もあっ

た」（監察関係者）

同居を始めたばかりの篠沢さんも原口が監察の調べを受けているという事実を知ることになる。

「篠沢さんは当時、警察署長（警視クラス）を務める父親から『原口とは付き合うのはやめろ』と話をされていたようだ。監察から調べを受けている人間との結婚なんて絶対許さないと猛烈に反対したらしい」（篠原さんを知る警視庁刑事）

そして、２０１４年３月に予定されていた２人の結婚式は延期となってしまう。４月７日には篠沢さんが、原口と同居していた埼玉県狭山市内のマンションから荷造りをして退去してしまう。

「原口はこれに相当参ったようでした。事件が起こる前の４月９日から休暇を取り、更に事件前日の４月11日には直属の上司と面談しています。そこで原口は『彼女と喧嘩《けんか》した。結婚も終わりかもしれない』と泣きながら話したと聞いている」（元監察官）

そして４月12日。冒頭で説明したような最悪の事態が起こってしまったのだった。

２人の周辺関係者への取材に基づけば、篠沢さんは性格も明るく、仕事もてきぱきとこなす女性警察官として署内では有名だった。

「篠沢さんは父親だけでなく、兄も本部刑事部に所属していた。篠沢さん自身も朗らかで、かつ優秀。署内でもひときわ目立つ存在だった」（前出の警視庁刑事）

一方の原口も大学時代は剣道部で後輩への面倒見の良さで知られていた。監察関係者が言う。

「原口の軽率な論功行賞狙いで彼の警察官人生は終わった。警視庁にいる限り、事故物件ならぬ事故人材としての記録が残り続けて左遷が繰り返される。そして最終的には組織は退職に追い込んでいっただろう。彼はそうした未来に気付き、更に篠沢さんからも別れを告げられ自暴自棄になって、犯行に及んでしまったのだろう」

原口は、生きながらえたとしても未来はないと自ら命を絶ったと見られている。

第5章 癒着に切り込む

暴力団組織との癒着

《警視庁は２０１３年７月25日、捜査情報が記載された書類を暴力団組員に渡したとして、地方公務員法（守秘義務）違反の疑いで、警視庁組織犯罪対策四課の巡査部長の男（40）を逮捕した。

逮捕容疑は２０１３年１月29日から２月４日にかけて、東京都内などで、指定暴力団の30代の組員に捜査情報が記載された書類を渡し、職務上知り得た秘密を漏らした疑い。

警視庁によると、巡査部長は容疑を認め「（組員とは）２０１２年10月ごろに知り合った」と供述している。渡したのは組対四課が摘発した事件に関する部内資料という。警視庁はほかにも漏えいがなかったか調べる。

２０１３年２月、暴力団関係の事件に絡んで組員宅を家宅捜索したところ、警視庁が作成した内部資料が見つかり、漏えい元を調べていた。

組織犯罪対策四課は、暴力団に関する捜査を担当。巡査部長は組織情報を収集していた。

警視庁警務部参事官（人事一課長）は「警察に対する信頼を失墜させる行為であり、極め

て遺憾。厳正に対処したい」とコメントした。》

（2013年7月26日　共同通信　朝刊メモ）

マル暴のエース

中野健一＝仮名＝は四課の刑事だった。しかも「情報担当」である。

「B（暴力団員を指す警察用語）から良いネタを取れるやつなんだろう」

「ヤクザに取り込まれたりしてないだろうな」

四課の情報担当と聞けば、多くの警察関係者は功罪それぞれの評価を下す。

四課とは、ご存じの方も多いとは思うが、暴力団をはじめとする組織犯罪を取り締まる部門のことを指している。日本最大の警察本部、警察官4万3000人を擁する警視庁でいえば、組織犯罪対策部の組織犯罪対策四課がそれにあたる。通称は「組《そ》対《たい》四課」だ。

そもそも組織犯罪対策部は、多様化する暴力団犯罪・外国人組織犯罪に対処するために2003年に900人態勢で発足した。それまでは刑事部、生活安全部、公安部と、捜査対象によって所管が分かれていたが、敵対する組織側も1990年代後半から暴力団が外国マフィアと結託するなど「タイアップ型」の組織犯罪が増えてきた。それに対抗するために組織の壁を取り払い、総合的に捜査にあたる態勢を整えるために発足したのが組織犯罪対策部だった。

組織犯罪対策部には組織犯罪対策総務課と組対一課から五課の合計6つの課と、執行隊の組織犯罪対策特別捜査隊がある。中でも「看板・顔」とされているのは中野が所属していた組対四課である。

「四課は組織犯罪対策部の大黒柱。筆頭課は総務課だが、実質的には組対四課が組織犯罪対策部の存在理由になっていると言っても過言ではない」(組対四課関係者)

組対四課の前身は「刑事部捜査四課」だ。元々は刑事部の1つの課として、あの捜査一課や捜査二課と軒を連ねていたのだ(ちなみに刑事部の暴力団対策課は組対三課に衣替えしている)。組対四課の俗称は「マル暴」である。関西の警察では「マル暴担」とも呼ばれている。総じて組対四課の捜査員は「マル暴刑事」とも呼ばれている。

四課関係者によると、中野は組対四課では名の知られたマル暴刑事だったという。

「中野は暴力団員の扱いに長《た》けていて、押し引きのバランスも優れていた。質の良い情報を取ってくることができるマル暴刑事だった」

中野は組対四課の中でも暴力事件情報係・視察連絡班に所属していた。この視察連絡班は実は組対の中では最もカギとなる班だ。通称・視連《しれん》。「組対四課の視連」と言えば泣く子も黙るマル暴の中のマル暴といっても過言ではないのだ。

それは視連に対する警視庁の「特別待遇」から見て取ることができる。

「視連の一番の仕事は、暴力団の組織内部の生きの良い情報を仕入れることなんだ。そのために公安捜査員のように協力者を敵対組織内部に育成し運営する。つまりS（エス＝スパイ・協力者）を飼うことだ。視連のマル暴刑事への活動費用は実質的に青天井とされている」（組対部関係者）

敵の組織に情報協力者を育成し運営する。暴力団の懐に飛び込まなければならないし、時にはSともども命も落としかねない危険な作業だ。中野は視連という虎の穴で着実に実績を上げ続けていたマル暴刑事だったのだ。

ガサ入れで発見された警察の内部資料

昨今、暴力団も警察との接触を極力避ける傾向にある。むしろ警察官を脅迫する事例もある。そうしたマル暴刑事を取り巻く環境がある中、重宝されるのは、上手《うま》く相手の懐に入り込んで「有力な組織内部情報」を取ってくる刑事に他ならない。

捜査か癒着か。マル暴刑事を語る際には避けて通れないテーマである。

全てのマル暴刑事がこうしたジレンマに直面しながら日々の捜査を強いられているのは間違いない。中野もまさにこうした癒着ぎりぎりの捜査を組対四課・視察連絡班で続けてきた警視庁組織犯罪対策部を支えるエースの1人だったのだ。

中野の問題は、マル暴刑事としての振る舞いの度が過ぎてしまったということなのだろう。具体的にはどのようにして中野の問題がクローズアップされたのだろうか。それはある家宅捜索の最中に起こっていた。

2013年2月。ある指定暴力団幹部組員の自宅を警視庁組織犯罪対策部・組対四課および薬物・銃器事件を捜査する組対五課の捜査員10人が急襲した。捜索令状（＝ガサ状）

に記載された容疑は「覚せい剤取締法違反容疑」。幹部組員が、薬物の取引に関与していた情報を得ていた組対四課は、五課と合同で捜索に乗り出したのだった。ちなみに暴力団組員個人への捜索を実施する場合、捜索令状を提示しないで踏み込むことが多い。証拠隠滅を図られることが多いからだ。

「組員宅へのガサは有無を言わせず突入形式だ。マル機（機動隊員）を要請して、エンジンカッターで鍵を切断して突入するケースもある。何よりも証拠を隠滅してしまうことが多い。そのための措置なんだ」（組対関係者）

この日、捜査員が組員宅を捜索した結果、あるものが発見された。それは警視庁の「内部資料」だった。

「ある暴力団が関わる捜査資料だった。捜査対象者の顔写真や氏名や相関関係がまとめられたチャート。捜査体制表が見つかった。これは内部から出たものだとすぐにわかった。この幹部組員とつながっている内通者がいると、その場の捜査員全員が認識した」（前出・組対関係者）

組対四課幹部にその情報が届けられると、幹部らは対応を協議。すぐさま人事一課監察係への報告がなされたのだった。

情報漏洩は地方公務員法違反

暴力団事件の捜査は、敵対組織構成員への情報漏洩《ろうえい》という非違事案につながった。漏洩元は間違いなく警視庁内部の関係者である。ついに「監察が動く」事案となったのである。

「ツウ（通謀）しているのは一体誰だ！」

監察係は監察官を筆頭とする1個班5人が調査担当となり、まずは漏洩元を突き止めるべく調査が始まった。

そもそも警視庁警察官の情報漏洩は「地方公務員法の守秘義務違反」となる。懲戒処分の対象となるだけでなく、重大な犯罪行為の被疑者として扱われることになる。

守秘義務違反行為は地方公務員法と国家公務員法によって規定されていて、公務員が職務上知り得た秘密を漏らした場合は1年以下の懲役、または50万円以下の罰金が科せられ、退職後も同じ義務を負う。秘密を漏らすよう命じたり、そそのかしたりした者も罰せられる。そして、捜査対象者への捜査情報漏洩は、ほぼ間違いなく刑事事件として立件される。

調査は組織犯罪対策部の協力も得て、暴力団組員の調査からスタートした。
「組対四課から特命班の捜査員が選抜され、極秘に組員の取り調べが行われた。そこで浮上してきたのが主に四課で単独捜査をしていた中野だった」（監察関係者）
マル暴刑事の癒着。人事一課監察係では当初からその疑いを感じていたという。
中野は単独捜査を主に行っていた。視察連絡班の所属で情報収集がメインの活動とはいえ、組対四課の捜査員は2人1組で捜査に当たるのがルールとなっている。
「単独捜査は独善捜査とも呼ばれていて、マル暴刑事はなるべくならしない方が良いとされている。何より、1対1となったときに相手側に取り込まれてしまうパターンが最も多いんだ。それを警戒し歯止めをかけるのがもう1人の相勤員だ」（組対関係者）
暴力団側もマル暴刑事個人に狙いを定めてくる。警察にも引けを取らない情報収集を行い、その刑事の素性を丸裸にすることもある。そこで弱みを握り、巧妙に籠絡していくのだ。
監察係では中野を24時間体制の視察下に置いた。公安捜査が得意とする手法を監察も取り入れており、それらが存分に発揮されていく。

監察対象の人物の素性を徹底調査する基礎調査、行動確認、秘撮、秘聴。視察拠点を設置しての監視活動。ありとあらゆる手法が取り入れられ、中野の行動は「丸裸」にされた。

3か月の尾行で全てが丸裸にされた

練馬区内の飲食店。大柄な男2人の姿があった。調査対象の中野と暴力団員である。店内は盛況でほぼ満席だ。2人は剣呑《けんのん》な雰囲気を漂わせている。店のテーブル席に陣取った2人はグラスを傾けながら談笑を始めていた。2人の会話について、全神経を集中させて聞いていたグループがあった。隣接する全てのテーブル席には実は監察係員が客を装い陣取っていたのだった。人事一課監察係は中野と暴力団員が接触する情報を事前につかみ、要員を配置することを決定していた。

2人のテーブルの下にはICレコーダーが設置され会話を録音。隣接するテーブルの監察係員が密かに向けたカバンに内蔵したビデオカメラは、リアルタイムで2人の様子を警視庁本部の監察官のもとに届けていた。別のテーブルの監察係員はスマホをいじるふりをしながら2人の様子をカメラモードで撮影し続けた。

同業でもある監察係員から監視されていることに、中野は全く気付いていない様子だった。2人は1時間ほど滞在し、店を後にした。店を出た2人には監察係の行確（行動確認）要員が適度な距離を保ちながら尾行を開始した。

監察による3か月間の調査で、中野と暴力団組員の癒着を証明するさまざまな証拠が集まった。蓋を開けてみたら、マル暴刑事と暴力団組員の最もわかりやすい「癒着の構造」だったことが明らかになったのである。ずばり、情報の交換だ。

マル暴刑事は常に質が良く、精度が高い暴力団組織内部の情報を求めている。そのために「情報を取る」捜査が必要となる。

情報の取り方はさまざまである。人に会って話を聞く。ギブ&テイクの関係を築く。実は警察の捜査は私たちが普段、仕事などで行っていることとさほど変わらない。マル暴刑事の対象は警察の組織上、暴力団員であるだけであって1人の人間である。

情報を入手するためには「まずS（スパイ）」を飼うことだ。

「Sの対象は暴力団組員のほか、いわゆるカタギでも組織につながりのある人物、たとえば風俗業者などだ。こうした業者の中には犯罪と関わりを持つものもいる。犯罪を生業と

する暴力団の内部情報に近づくためには、犯罪とつながっている「半カタギ」をSにするのが一番良いんだ」（前出・組対関係者）

この関係者によると、マル暴刑事は飼っているSの数を常に競っている。つまりはそれが組織の摘発情報につながるし、内部情報を上司に報告するだけでも表彰の対象となるからである。出世など自分の得点アップにつながるとあって、マル暴刑事はSの開拓・育成に余念がない。

前述したように、中野は組対四課の暴力事件情報係の視察連絡班に所属していた。ここは暴力団の情報を収集する専門の班であり、情報の量、質の良し悪しが常に俎上《そじょう》に載るセクションだ。視察連絡班のマル暴刑事は、ほぼ間違いなく質の良いSを多く飼っている刑事である。

「敵はいつでも自分の方に取り込もうとする。マル暴刑事は常に狙われている」

あるマル暴刑事はそう公言してはばからない。Sを飼うということは、暴力団組員にとっては自分の組織を売ることになる。それが発覚した際には命の危険が伴う。Sが消されるような事態になればマル暴刑事も資質を疑われることになる。

「できるマル暴刑事はSを多く抱え込み、囲い込む。飯を一緒に食ったり、酒を飲ませたりする。とはいえ、上司への報告はしなくてはならないので、自分はSの名前を番号で登録している。本当の肝になるような大物Sは上司に報告しないこともある」（前出・マル暴刑事）

癒着と捜査の間でバランスを保っているのがマル暴刑事なのだ。

ミイラ取りがミイラになる可能性が高い

「直接コンタクトできる関係を継続し、認められたかった」

豊島区内の警視庁の施設に任意同行された中野は、監察係の聴取に対し、容疑を認め、こう答えたという。中野は暴力団の組織情報収集に必要な行為だったと、繰り返し強調したそうだ。組員からの金銭の授受はなかったことも判明している。

中野をはじめとする警視庁組織犯罪対策部の捜査員＝マル暴刑事たちは、日々「情報戦」に挑んでいるといっても過言ではない。

マル暴刑事によれば刑事たちの捜査は「絵を描くこと」にたとえることができるという。

暴力団組員や周辺者から情報を集めて大きな絵を描く。ひとつひとつの情報は絵の断片に過ぎない。大きな絵は暴力団組織の中枢を揺さぶる情報のことだ。情報をつなぎ合わせて大きな絵を描く。これがマル暴刑事にとっての「情報戦」であるという。

一方の暴力団をはじめとする犯罪組織の側も、警察に協力者を作ろうと動いている実態もある。酒、オンナ、金を使って、マル暴刑事を引きずり込もうと接触してくる。そうした甘い誘惑に乗ってしまい、転落するマル暴刑事も少なくない。そうなると二度と這《は》い上がれない。実際、警察を追われた後は暴力団組員になったマル暴刑事も多数存在している。

情報を取るためのマル暴捜査だが、警察の警察である人事一課監察係にはそのマル暴捜査の論理は通用しない。監察関係者が説明する。

「いろいろな事情はあるのかもしれないが、組織の綱紀粛正を図るのが我々監察の使命だ。警察の信用を失墜させる行為は絶対あってはならない。敵対組織との癒着などもってのほかだ」

中野が違反とされたのは、「警視庁警察職員服務規程」に照らすと以下が該当する。

（信用失墜行為の禁止）

第7条　職員は、国民の信頼及び協力が警察の任務を遂行する上で不可欠であることを自覚し、その職の信用を傷つけ、又は警察の不名誉となるような行為をしてはならない。

（秘密漏洩〔えい〕の禁止）

第8条　職員は、職務上知り得た秘密を漏らしてはならない。

2　職員は、個人情報の重要性を自覚し、職務上知り得た個人に関する情報については、厳格にこれを保護しなければならない。

（職務の公正の保持）

第9条　職員は、職務に支障を及ぼすおそれがあると認められる金銭、物品その他の財産上の利益若しくは便宜の供与又は供応接待を受けてはならない。

2　職員は、職務の公正が疑われるような方法で職務に利害関係を有する者と交際してはならない。

9条の1項にある金銭・物品の授受はなかったと見られているが、それ以外は全てが該当していた。これらの規律違反行為は懲戒処分の指針に照らすと「免職」に該当する。さらに中野の場合は、地方公務員法違反容疑（守秘義務違反）でも逮捕されている。懲戒処分と刑事罰のダブル不祥事で警視庁を追われ、全てを失うことになったのだ。

監察関係者は、癒着に対しては規定に照らし粛々と監察を行うことを強調する一方で、組織犯罪対策部の情報捜査体制に問題があるのではないかと指摘する。

「癒着の芽を摘むのが監察のミッションだが、やはり現場内で食い止められないと我々はただ処分に向けて動くしかない。今の組織犯罪対策部の捜査の現場は情報収集のシステムに課題があると思う。敵の組織に深く入り込みネタを取ってくる捜査員を重用する一方、持っている情報を幹部が吸い上げて一括管理を進めている。自己責任にしても、敵に取り込まれるところのチェックが弱くなってしまっているのではないか」

マル暴刑事も置かれている現状について言う。

「良いネタを取ってこいと言いながら、規則に触れるから接触をするなと指示が来る。矛盾している」

情報を取るために敵の内部に入り込みすぎて、ミイラ取りがミイラになってしまうおそれがあるマル暴捜査。情報を取れる刑事が重用される現行のシステムが続く限り、第二第三の中野がいつ出てきてもおかしくない。

誘惑が多いセイアン

マル暴刑事と並んで、利害関係者との癒着が起こりやすいとされているのは「生活安全部刑事」である。庁内では、生安＝セイアンと略称で呼ばれている。

警視庁生活安全部はかつて防犯部と呼ばれた、その名の通り私たちの生活に近いところで起こる犯罪を取り締まる部門だ。警視庁の生活安全部には次の課・隊がある。

警視庁生活安全部（2017年10月現在）

・生活安全総務課
・保安課
・生活経済課

・生活環境課
・サイバー犯罪対策課
・少年育成課
・少年事件課
・生活安全特別捜査隊

生活安全総務課は生活安全部の筆頭課で、探偵業や古物業の許認可を行うセクションである。保安課は風俗営業を取り締まり対象とするほか、賭博事件も扱う。他の課でも、民間事業者と接する機会が多い。

「生安が扱う分野では犯罪集団と結びついている業者もいて、捜査員に罠がしかけられることもある。捜査員が誘惑され、泥沼にはまり堕《お》ちていくケースも多々ある。個人的に最もそうした危険性が高いのは保安課だと感じている」（警視庁関係者）

保安課は警視庁生活安全部の1部門だが人員は250名と部内で2番目の大所帯だ。

警視庁組織規則によると保安課の扱う事案は次のようになる。

（保安課の分掌事務）

第44条　保安課の分掌事務は、次のとおりとする。

（1）風俗営業等の規制及び取締りに関すること。

（2）風俗関係事犯の取締りに関すること。

（3）売春関係事犯の取締りに関すること。

（4）外国人労働者に係る雇用関係事犯の取締りに関すること。

（5）と博犯罪等の捜査に関すること。

（6）性風俗営業等に係る不当な勧誘、料金の取立て等及び性関連禁止営業への場所の提供の規制に関する条例（平成12年東京都条例第196号）に関すること。

（7）東京都デートクラブ営業等の規制に関する条例（平成9年東京都条例第68号）に関すること。

（8）歓楽的雰囲気を過度に助長する風俗案内の防止に関する条例（平成18年東京都条例第85号）に関すること。

(9) その他保安警察関係法令違反の取締りに関すること。

保安課同様、所轄警察署の生活安全課の捜査員も、さまざまな誘惑を受けやすい立場にある。

中でも警視庁の歴史に汚点を残したのが、1991年に起きた赤坂警察署生活安全課員らによるカジノバーを巡る贈収賄事件「赤坂事件」である。

当時を知る警視庁OBが明かす。

「元巡査部長ら3人は捜査情報提供の見返りに自らわいろを求め、人目につきやすいホテルで現金など約400万円を受け取っていた。しかも、自らカジノの経営者らに持ちかけた「要求型」だった。東京でも有数の繁華街を管内に抱える赤坂署、この3人のほかにも複数の署員が風俗店経営者から飲食などの接待を受けていたとの情報も持ち上がり、監察が調査に乗り出していた。取り締まる側の警察官が業者にたかる構造が改めて浮き彫りになった象徴的な不祥事だった」

この事件で3人が懲戒免職、赤坂署長は引責辞任するなど警視庁を揺るがす不祥事に発展した。

その後も警視庁警察官による汚職事件が発生する。
・1998年1月　警視庁警部が大和証券幹部から現金を受け取り逮捕
・2003年10月　警視庁機動隊警部が違法風俗店経営者から現金を受け取り逮捕
・2004年10月　警視庁麻布署巡査長が飲食店経営者から現金を受け取り逮捕
2003年の機動隊警部が逮捕された事件では、処分が42人にも上る大事件となっている。

警視庁の別のOBは当時を振り返る。

「クラブやパブで豪遊を繰り返し、1回数万円もする名門ゴルフ場で何度もプレーを重ねた。数万円の日本酒をお歳暮として贈られた上司もいた。中でも、機動隊で直属の部下だった巡査部長らは、上司と一緒にたびたび風俗店を訪れていたというのは有名な話だった。もちろん、タダでだ」

監察関係者は、所轄の生活安全課に対しては監察も注目していると明かす。

「管内に歓楽街を持つ生活安全課は、ギャンブルや風俗店など利権が絡む捜査対象だけに、非違事案につながるケースが多い。組織犯罪対策部の捜査員同様、監察としても筆頭課である生活安全総務課の指導教養班と連携して非違事案を起こしそうな対象者を定期的にリストアップし、通話通信記録や行動確認、口座のチェックなどを秘匿で行っている」

監察では組織犯罪対策部と生活安全部に所属する捜査員、全１０２の警察署の組織犯罪対策課員、生活安全課員に対して、常に非違事案の疑いを向けている。

癒着には容赦なく切り込む。監察の強い姿勢は、とにかく警察組織を守る風紀委員としての正義感からに他ならない。

第6章

情報漏洩・流出との戦い

医療過誤捜査のプロが起こした情報漏洩事件

現職の捜査一課警部による捜査情報漏洩、その後の追跡劇。警視庁、そして全国警察に大きな衝撃を与えた非違事案。この章で紹介するのは、警視庁警務部人事一課監察係では「歴史に残る情報漏洩事件」としていまだに語られることの多い事案だ。

非違事案の疑惑の端緒は、実は捜査一課の事件捜査によるものだった。2009年。都内のS美容整形外科で脂肪吸引手術を受けた、当時70歳の女性が手術後に死亡したのだ。家族からの訴えを受けて警視庁が捜査に乗り出していた。捜査の元立ちとなったのが、警視庁刑事部捜査一課だ。一課には大事故や医療過誤などを捜査する専門部署がある。それが第一特殊犯捜査・特殊犯捜査第3係だった。

事務分掌によると、特殊犯捜査3係は「産業災害等に係る業務上過失致死傷事件の捜査に関すること」となっている。また筆者が入手した2011年6月23日時点での当時の班員名簿には、3係の欄に、ある刑事の名前が記載され、すぐ下に内線番号4153と記されている。さらに係員である捜査員は計14人。彼を含む「捜査班」に8人、「医療過誤捜査指導班」に6人の名前が記載されている。この限られた人員で東京都内での業務上過失致死傷事件を全て扱っていたのだ。

「クロさん」と呼ばれ、特殊犯捜査3係長を務め常に注目を集めていたのが、情報漏洩事件の主役である黒羽隆一警部＝仮名＝だ。黒羽は特殊犯捜査3係を取り仕切り、医療過誤捜査のプロとして庁内でもその名が知れ渡っていた。

黒羽は1971年3月に警視庁に採用。医療ミスや航空機、鉄道の事故などを捜査する特殊犯捜査係に通算で12年3か月間在籍した。2007年3月に警部に昇任し、2008年9月から特殊犯捜査3係長として現場を取り仕切ってきた。警視総監賞などの表彰は約20回に上る。

医療過誤、つまり医療ミスの捜査は通常の事件捜査より困難を極める。医師に匹敵するくらいの幅広い医療分野の知識はもちろん、事件は「業務上過失致死」に問えるかどうかがほとんどなので、各分野の医療関係者との普段からの人脈がものをいう。つまり、「この部分が業務上の過失にあたる」といった意見を各分野の医療関係者から集めることも必要になってくる。医療の知識とそれを事件化できるセンスが必要とされるのが特殊犯捜査

3係の業務といえる。

警視庁内で医療過誤捜査の分野では右に出る者がいないとされていたのが黒羽だった。その黒羽が逮捕されることになったのは自らの私欲が招いた「情報漏洩」の非違事案だったのだ。

ＯＢの再就職に現職刑事が関与してズブズブに

《S美容外科に対する医療過誤捜査の資料が病院側に漏えいした事件で、警視庁は2011年7月22日、地方公務員法（守秘義務）違反の疑いで捜査一課警部・黒羽隆一容疑者（58）＝仮名＝を逮捕した。また、漏えいを働き掛けたとして、同法違反（そそのかし）容疑で同外科に再就職した捜査一課ＯＢの元警部・多田孝明（53）＝仮名＝、捜査二課ＯＢの元警部・根本哲雄（61）＝仮名＝の両容疑者を逮捕した。

警視庁によると、3人は容疑を否認している。

医療過誤捜査をめぐる情報漏えいは、現職の捜査幹部とＯＢの関与が疑われる警察不祥事に発展した。多田、根本両容疑者は捜査開始後の昨年3月、黒羽容疑者の働き掛けで同外科に顧問として再就職。黒羽容疑者は頻繁に飲食接待を受けるなどしていたとされる。

（中略）

黒羽容疑者の逮捕容疑は、２０１０年３～８月ごろ、女性の死因に関する捜査資料などのコピーをＯＢの多田、根本両容疑者に渡し、職務上知った秘密を漏えいした疑い。多田、根本両容疑者は昨年３月ごろ、黒羽容疑者に捜査資料の漏えいを働き掛けた疑い。

捜査一課が２０１１年３月、執刀医（38）に対する業務上過失致死容疑で関係先を家宅捜索した際、同外科幹部の部屋から捜査資料のコピーが見つかり、漏えいが発覚。黒羽容疑者は捜査から外れた。

多田容疑者は黒羽容疑者の後輩で、同課で同じ係に在籍したこともあり親密だった。多田、根本両容疑者は同外科でトラブル処理など渉外業務を担当。同外科側の負担で黒羽容疑者をたびたび飲食接待していたとされ、漏えい発覚後の２０１１年４～５月、同外科を辞めた。》

（２０１１年7月22日　共同通信　夕刊メモ）

「黒羽ら3人に逮捕状！」

２０１１年7月。黒羽ら３人が逮捕される数日前に新聞各紙・マスコミが一斉に報じたとき、警視庁警務部人事一課監察係はすでに黒羽ら３人の追及捜査に動き出していた。黒羽、多田、根本には監察チームの３個班がそれぞれ行動確認についていた。不穏な動きを警戒しての万全の配置だった。

すでに黒羽への逮捕状も裁判所から発付されていた。容疑名は「地方公務員法違反」だ。地方公務員の警視庁警察官であるにもかかわらず、職務上知り得た捜査情報を、共に警視庁ＯＢでＳ美容外科に再就職していた多田・根本に漏らしたというものだ。

捜査一課が行ったＳ美容外科での捜索から捜査資料が発見された直後、捜査一課理事官、さらに捜査一課長、刑事部長へと事実が報告されている。

「情報漏洩の疑いがある。一番つながりがあるのは黒羽警部――」

刑事部の首脳陣の意見は一致していた。特殊犯３係の医療過誤の業務は黒羽を通じないはずがなかったからだ。

「黒羽は一課の扱う医療過誤事件の全てを把握する立場にあった。捜査した中には、２０

02年に患者が死亡した東京慈恵会医大青戸病院の腹腔鏡《ふくくうきょう》手術事故や、2007年に東京・渋谷で3人が死亡した温泉施設爆発事故など社会的に注目された事件が少なくない。黒羽が世話して再就職したOBは数多いということも評判だった」（捜査一課OB）

2011年7月21日。発付された逮捕状が監視中の監察チームに届けられた。逃亡、証拠隠滅のおそれがあるため、一刻も早く身柄を確保しなければならなかった。

根本哲雄は茨城県取手市内の自宅を出たところを5人の監察係員に囲まれ、身柄を拘束された。そのまま捜査車両に乗せられ、都内の人事一課分室で事情聴取を受けた。そして日付が変わった22日の午前1時頃に逮捕状が執行された。地方公務員法違反（そそのかし）容疑である。

多田は、行動確認を行っていた監察係員をまいた。つまり逃走を図ったのである。

「多田が逃亡を図った模様。至急、追跡し身柄確保に全力を挙げられたい」

監察官は監察チームに加えて、刑事部の追跡応援部隊の3班6人にもこう無線で指示している。多田は関西方面に逃走していることがNシステム（自動車ナンバー自動読み取り装置）で判明。追跡班も急行した。

「京都市内に潜伏している模様。車種は○○」

新たな無線司令が追跡班に向けて発信された。追跡に加わっていた元刑事部関係者は言う。

「多田も捜査一課や鑑識課を経験している腕利きの元刑事だから、当然こちらの手の内も知り尽くしている。追跡には慎重に慎重を重ねた」

多田の身柄は京都市内で確保された。すぐさま最寄りの京都府警七条警察署（2012年3月廃止）に移送された。その後、監察係員による事情聴取が始まった。しかし、多田は予想外の行動を起こす。調べの休憩中に車で逃走。再び追跡劇が始まったのだ。

結局、日付が変わった2011年7月22日の午前5時。三重県内のサービスエリアで身柄を確保された。

新幹線で移送された多田は品川駅で下車。監察係員らに両脇を固められて待ち構えていた大勢の報道陣の前に姿を現した。

「一言お願いします！」

報道陣から質問が乱れ飛ぶ。こうした中、監察は容疑者に配慮して密かに車両に乗せることをせず、あえて多田に駅出口のメイン階段をゆっくりと歩かせた。実質的な「引き回し」である。

「ロス疑惑の容疑者が逮捕された際の引き回しが有名だが、人権上問題があると指摘されてからは、容疑者に着ている衣類をかけて顔を隠すよう進言することになっている。多田の場合は、警視庁の威信を失墜させたということで意図せず引き回しという格好になったのだろう」（警視庁関係者）

多田への逮捕容疑も地方公務員法違反、職務上知り得る情報を提供するようそそのかしたという容疑であった。

そして事案の首謀者である黒羽隆一は、千葉県印西市内の自宅に最寄駅から自転車で戻ってきたところを、待ち構えていた監察チームにより身柄を確保された。警視庁関係者によると、特に抵抗する様子は見せなかったが、監察係員が身柄拘束の容疑を告げても一切言葉を口にせず不満そうな表情だったという。黒羽の身柄は東京都新宿区大久保にある警視庁の人事一課監察係の新宿分室に密かに移された。警視庁本部や警察署だと情報を入手したマスコミが張っている場合があるからだ。

2011年7月22日午前1時過ぎ、黒羽への逮捕状が執行された。黒羽の逮捕容疑は地方公務員法違反。現職警部と警視庁OBの逮捕。非違事案、事件の全容解明を目指し、監察の本格的な調べが始まろうとしていた。

「通常はあり得ない、極めて異例なこと」

2011年7月22日午前5時。筆者の携帯が鳴った。発信元は「警視庁総務部広報課広報2係」。この時間の広報官からの電話は、ほぼ間違いなく事件の逮捕会見の連絡である。

「おはようございます。午前6時半から人事一課の逮捕会見を行います。警視庁本部9階の会見室に来てください。警務部参事官が対応されます」

筆者はタクシーを飛ばして警視庁本部に向かった。会見開始30分前にもかかわらず、会見室は報道関係者で埋め尽くされていた。警視庁本部9階の会見室は、警視総監の新旧交代会見をはじめ、重要な事件の逮捕会見などに使用されるスペースだ。同じフロアには広報課の大部屋があり、さらには全国紙で構成される「七社会」、民放キー局で構成される「ニュース記者会」、通信社や公共放送局などで構成される「警視庁記者倶楽部」の3つの記者クラブが軒を連ねている。各社のブースはおおむね4畳ほど。パーテーションで仕切られていて、入口はカーテン式になっている。発表会見の連絡は広報官が各ブースをまわり、A4の広報資料を投げ込んで声掛けする。

警視庁の広報課は全国の警察で最も体制が整っている。広報課長は総監・長官候補の若きキャリアの指定席である。新聞、テレビ、出版と細かく担当が分けられていてフォローがしっかりとなされている。

記者と広報官は時には情報の出所などを巡ってバトルすることもあるが、おおむね関係は良好である。

会見室は桜田通り側に面しており、普段は大きな窓から霞が関の景色が一望できる。しかしこの日の会見は事案が事案だけに、窓にはカーテンがかけられて外の景色をうかがうことができない。

午前6時27分。警視庁の監察トップ、警務部参事官である人事一課長が入室してきた。櫻澤健一警視長（現・警察庁交通局交通企画課長。現在の階級は警視監）は東京工業大学を卒業後、1988年に警察庁に入庁している。身長は180センチ、銀縁の眼鏡にオールバックの髪形で記者の間では穏やかな人柄として知られていた。

現職警部とＯＢによる前代未聞の情報漏洩事件。対応に追われ続けた櫻澤警視長の表情には疲労が色濃くにじんでいた。手には付箋《ふせん》がびっしり貼られたファイル２冊を携えていた。

「きょうまでに刑事部特殊犯捜査第３係長で警部の黒羽隆一、Ｓ美容外科渉外室顧問の多田孝明、根本哲雄の３名を地方公務員法違反容疑で通常逮捕しました」

櫻澤は正面を見据えて続ける。

「黒羽警部が行った行為は警視庁の現職警察官として言語道断であります。一連の事件で都民の皆様の信頼を著しく損ねたことについて、心からお詫《わ》び申し上げます」

櫻澤はおよそ20秒間にわたり頭を深々と下げた。一斉にフラッシュがたかれる。

報道陣の質問に「今後の捜査で明らかにしていきたい」と慎重な言い回しを繰り返す場面もあったが、現職の捜査一課警部である黒羽が捜査対象の美容外科関係者と飲食を共にしていたことを明らかにし、「大変不見識だ」と語気を強めて不快感もあらわにした。

多田・根本の２人の再就職を美容外科側に働き掛けていたことについても、「通常はあり得ない」「極めて異例のこと」と厳しく指摘した。しかし警視庁ＯＢの再就職に関して質問が及ぶと「退職した職員の再就職はいかんともし難い」と当惑した表情を隠さなかった。

捜査一課の若松敏弘課長（当時）は午前11時の捜査一課長室での定例会見で、筆者ら記者たちを前に沈痛な表情を浮かべた。

「現職の課員が逮捕され、由々しき事態。早く真実を究明してほしい」と語った。黒羽について改めて聞かれると、「都内の業過事件を陣頭指揮してくれていた。優秀な部下だった」とあまり多くを語らず淡々と答えた。

黒羽の元上司だった警視庁幹部は「警視庁捜査一課は、捜査力において日本警察の誇りであり、リードする存在だ。その信頼を足元から崩すようなことをしてしまうとは信じられない」とショックを受けていた。

捜査資料漏洩の疑いがマスコミで報道され始めてからも、幹部は「黒羽が価値ある仕事を棒に振るようなことは絶対にしない」と信じ続けていた。

さらにこの幹部は「かつて『家族のためにも仕事を頑張ろう』と語り合ったのは何だっ

たのか。彼に改めて聞きたい」と憤った。

筆者の携帯に容疑者から電話が

S美容外科を舞台に黒羽が首謀者となり繰り広げられた、捜査資料漏洩事件。関係者の証言や公判記録から癒着の実態を見ていこう。

黒羽隆一は、宮城県に生まれ育ち、高校卒業後の1971年に警視庁に入り、その後は捜査一課に長く勤務している。捜査一課では現場資料班と呼ばれる、事件発生後の初動捜査を主に担う部署で活躍。その後、特殊犯捜査担当となり実績を積み重ねてきた。

在籍期間が長いためか、先輩後輩の上下関係に忠実で、後輩の面倒はよくみていたと関係者は言う。

今回の事案では、美容外科への捜索で捜査資料が見つかったことが端緒だが、美容外科には、黒羽の後輩にあたる多田が顧問として勤務していたのだった。黒羽と多田の関係は先輩後輩の枠を超えた濃密なものだったようだ。

親密ぶりに関係者は眉をひそめていた。鑑識などが長く、捜査一課で黒羽と約5年5か月一緒だった多田は2009年に「親の介護」を理由に退職。脂肪吸引手術で女性が死亡した事件後の2010年春、S美容外科の「顧問」に再就職した。

ただ、捜査資料漏洩疑惑が浮上した後の2011年4月に、多田は美容外科の顧問を辞めていた。

筆者は多田とは面識がある。疑惑がマスコミで報じられ始めていた2011年6月。千葉県野田市内の多田の自宅を取材で訪ねていたのだ。

閑静な新興住宅地の一角に多田の自宅はあった。庭付きの2階建てで、まだ新築のようだった。インターフォンを3回鳴らし、名乗るも無反応だった。名刺に連絡先と訪問の趣旨を書き添えて郵便受けに投かんし、その場を後にした。すると移動中の車内で15分後に見知らぬ携帯番号の着信が来た。出ると多田だった。

「なぜウチを訪ねてきた！　息子が怖がるだろうが！」

開口一番、多田はすごい剣幕だった。こちらの趣旨を丁寧に説明すると口調が柔らかくなった。

「マスコミがしょっちゅう訪ねてくるからさ。マナーがなってないやつも結構いるんだよ」

事件について尋ねてみると次のように話した。

「クロさんと俺は付き合いが長いから。正直、親密だね。それ以上でもそれ以下でもないよ。あんたもそういう心から慕える先輩、可愛い後輩がいるだろう。俺とクロさんの関係はそういう一般的な先輩後輩関係とまったく変わらないよ」

この会話の時点で、多田はS美容外科の顧問をすでに辞職している。捜査情報漏洩に関し、自らの身の安全を確保するために職を辞したのだろう。筆者には黒羽と多田のただならぬ関係が垣間見えていた。

黒羽と多田は捜査一課で、黒羽と根本は所轄の亀有警察署で同じ所属だったとされている。そして多田は一課の他に刑事部鑑識課、新島警察署にも勤務経験がある。根本は知能犯捜査を担当する捜査二課に在籍していたこともある。

表彰の対象となっていた美容外科での過失致死事件

黒羽はS美容外科での女性死亡事件の捜査主任官、つまり指揮官でもあった。この事件捜査で警視庁尾久警察署に黒羽ら捜査一課特殊犯捜査3係が中心となる捜査本部が設置される。そして２０１１年４月に、当時38歳の医師を業務上過失致死容疑で逮捕している。この捜査の過程で黒羽が美容外科に対してある要求をする。公判での検察側冒頭陳述記録から振り返ってみよう。

２００９年12月21日。医師への業務上過失致死容疑で黒羽ら捜査班はＳ美容外科池袋院を家宅捜索する。年が変わった２０１０年１月６日、黒羽は美容外科の院長Ｗ氏と面会する。その場で黒羽は、自らが推薦する多田・根本の２人を就職させるよう要求した。そして２か月後の３月。都内の飲食店でＷ院長と多田、根本を引き合わせている。その場で黒羽はこう話したという。

「この２人は警視庁のＯＢだ。きっとそちらのお役に立てる２人であることは私が保証する。なるべく早く入れてやってくれないか」

この会合は和やかなムードで終わった。そして数日後。黒羽の「あっせん」が通った形で、多田と根本がＳ美容外科の渉外室顧問として再就職を果たすのである。

黒羽は、脂肪吸引手術で死亡した女性に関する司法解剖の結果等が記載されている「鑑定書」と本件に関する捜査報告が記録されている「捜査本部報告書」を、それぞれの原本からカラーコピーし、1通を築地署に、もう1通を尾久署に保管している。

そして2010年11月4日、黒羽は車で千葉県野田市内の多田の自宅に行った。車内で多田に鑑定書の写し、捜査本部報告書の写しを渡した。その後飲酒し、代行運転で帰宅したことがわかっている。

多田は黒羽から得た写しを参考にして、捜査の進捗《しんちょく》状況を検討する。美容外科側の裁判用の資料としての検討である。得た捜査資料から顧問弁護士あての報告書を作成している。

美容外科に再就職した多田は順風満帆だったと感じていた。月収に加えて、美容外科の経費で黒羽や根本と飲食を重ねていたのである。

この時期、警視庁警務部人事一課監察係で、ある非違事案の疑いが持ち上がっていた。

「警視庁の現職警部が再就職をあっせんしたOBと不正行為を働いている」

という情報を入手したのだ。監察関係者が説明する。

「当初は業務上過失致死事件の事件捜査に関連して表彰の上申が入ってきたんだ。しかし、こちらで詳しく調査していくと、警視庁のOB、そして現職の黒羽が関与しているという疑惑に突き当たったんだ」

つまり一連の捜査情報漏洩が発覚する以前は、黒羽が関わる脂肪吸引手術の過失致死事件捜査が、警視総監賞など賞詞を授与する「表彰」の対象となっていたのだった。

２０１１年１月。密かに動き出した監察は、警告を発する意味も込めて多田に直当たりし、事実関係の調査を行う。

多田は監察の任意聴取に対し、自らの関与を否定した上で、黒羽と親しかったとする美容外科職員Ｆ氏が情報を提供したと供述している。

監察は多田のこの証言を真実と受け止めることはなかった。逆に行動確認など、本格的に「監察が動く」事態へと進展したのだった。

多田、根本は美容外科職員Ｆ氏に対し、

「お前がチクったんだろう。事実が判明すればクロさんに地方公務員法違反の疑いがかかる。絶対にクロさんはやっていないと言え」

と迫り、共有していた捜査資料をシュレッダーにかけさせている。

焦りを感じた多田・根本は捜査の手が及ぶと判断し、執刀医や病院スタッフらの事情聴取に備えて想定問答を作成。内容などから執刀医の立件に向けた捜査方針などの情報が、黒羽から多田らに漏れていたと考えられるのだ。

自らも「年収1000万円」での再就職を画策

捜査対象だった美容外科にOBの元警部2人を顧問として送り込んだのが発端。癒着の背景に「再就職」が絡むだけに病巣は根深く、再発防止の特効薬は見当たらないのが実情かもしれない。

「あのときの刑事だ」

ある男性医師G氏は漏洩事件の報道で黒羽の名前を見て驚いた。2004年、院長をしていた都内の病院の医療過誤事件をめぐり、黒羽から取り調べを受けたという。

「適切な先輩がいるが、年俸600万円でどうか」

いきなりOB受け入れを持ち掛けられた。断ったG氏は「再就職を受け入れればと思わせること自体、捜査の公平性を損なうのではないか」と憤っていた。

今回の事件でも、黒羽は捜査対象だったS美容外科の幹部に働き掛け、OBの多田と根本を再就職させている。

「黒羽の世話になった人はたくさんいる……」

ある警視庁OBが明かすように、医療過誤事件を数多く手掛け、医療界から一目置かれていた黒羽は人脈を生かしてOBの受け入れ先を開拓、警視庁にも重宝がられていたことは事実だという。

定年が約2年後に迫っていた黒羽自身も、年収1000万円で同外科に再就職する希望を漏らすなど、好待遇の「第2の人生」を画策していた節がある。

人事一課によると、自己都合や免職などを除く退職者は毎年1500人前後。うち約400人について民間企業への再就職をあっせんしている。在職中の専門知識を生かしたクレーム処理、問題が生じた際の警察とのパイプ役を期待する企業が多く、OBの受け皿となっている。

その半面で、再就職先が捜査対象になった場合に、OBが情報収集を目的に後輩の現役幹部に接触し癒着を生む懸念は拭えない。警視庁の内外から「今回の事件が特異な例とは言い切れない」との指摘もある。特にいったん退職したOBが個人的なルートで再就職した場合には、動向の把握は事実上不可能だ。

人事一課ではこれまでも退職予定者に退職後の守秘義務や法令遵守などを指導してきたが、今回の事件を受けて再発防止策を検討している。

「退職後の倫理規範や再就職先に関する規程などを新たに作ったとしても再発防止を担保できるだろうか」

警視庁関係者は疑問を投げ掛けている。

「結局はOB一人ひとりに『警察官だったという意識とモラルを退職後も持ち続けてください』とお願いするしかない」と苦しい胸の内を明かした。

多田と根本は嫌疑不十分で不起訴処分、黒羽は2011年9月に懲戒免職処分となり、地方公務員法に関する上告審では、最高裁が上告を棄却し、2014年に懲役10か月が確定。すでに出所している。

現職警部とOBが関わる非違事案を受けて、警視庁は再就職に関する内規を改めて定め周知を図っている。捜査情報漏えいに関する再発防止策として、捜査対象の関係者と接触する場合の報告義務をさらに徹底させるとした。再就職に関しては、警察署長や本部課長級以上の幹部職員の就職先を公表するほか、警部以上の職員に退職後2年以内は就職先を警視庁人事一課に届ける内部規律を新たに設けている。

国際テロ捜査情報がネット上に流出

2010年10月28日。インターネットのファイル共有ソフト「Winny《ウィニー》」のネットワーク上に突如、極秘の国際テロ捜査に関する資料が流出し、拡散した。10月29日夜に民間のシステム会社が文書の掲載に気付き、神奈川県警に連絡していたことが判明する。監察関係者によると、神奈川県警は警察庁に連絡し、警察庁から連絡を受けた警視庁が事態を確認したという。

警務部人事一課にも情報流出の一報がなされ、監察関係者もただただ驚くしかなかった。データの内容から勘案し、人事一課監察係と公安部公安総務課の特命合同チームが編成され、事態の詳細な把握、分析、対応に追われることになった。

文書は複数のサイトに転載されていて種類も多岐にわたっている。国際テロ組織に関する会議の資料、警視庁職員の個人情報、2008年の洞爺湖サミット対策の文書、在京大使館やテロ組織との関係を疑われている人物に関する内容など実に114点の極秘資料データが流出したのだ。

流出したデータは「z.ip《ジップ》」と呼ばれる圧縮されたファイル形式で一つにまとめられ、「Winny」ネットワーク上で受信・閲覧可能な状態に置かれていた。

また「z.ip」ファイルの名称には、「[仁義なきキンタマ]［殺人］(20101024-213413)警官が流出したファイル(Antinny除去済み)(4).z.ip」などと複数の異なるものがあり、その中にはコンピュータ・ウイルスに感染してインターネット上に流出する際のファイルの名称の特徴と類似するものが含まれていた。

「Winny」ネットワークを介したもの以外にも、「Wikileaks Japan」と名付けられたウェブサイトに、本件データに含まれる情報の一部が流出しているのが確認されたほか、いわゆる簡易投稿サイトにそのウェブサイトを周知するための投稿がなされていた。さらに大手プロバイダーが提供する「オンラインストレージサービス」によってデータがインターネット上に流出したことも確認された。

114点のデータのうち、108点がPDFのファイル形式で、6点がHTMLのファイル形式だった。共にファイルの作成日は、ファイルのプロパティ記録によると、PDFファイルは2010年5月2日から4日までの間、HTMLファイルは2010年5月1日とされている。

流出データの文書の内容から判断して、海外の情報機関と捜査情報を交換することも多い「警視庁公安部外事三課」が作成した可能性があるのは明らかだった。

《「民間会社が文書流出を発見　県警通じ警視庁に連絡」

警視庁が作成した可能性がある国際テロに関する捜査情報などの文書が、インターネット上に掲載されていたことが30日、同庁関係者の話で分かった。ファイル交換ソフトを通じて流出した可能性が高いとみられ、同庁が調査を始めた。

捜査関係者などによると、ネット上に掲載されていたのは、国際テロ組織の情報収集や分析、国際テロ犯罪の捜査を担当する公安部の外事三課が作った国際テロに関する捜査報告書、課員の名簿などの可能性があるという。

警視庁によると、29日夜、関係機関からの通報で発覚した。複数のサイトで文書の掲載が確認され、「警察庁」や「公安部」という文言もみられるという。警視庁の職員ではない第三者とみられる個人情報も掲載されていた。
警視庁は「掲載が確認された文書が、警視庁が公式に作成した文書かどうか確認を急いでいる」と説明しており、流出の経緯についても調査を進めている。同庁は内規で、家庭や職場でのファイル共有ソフトの使用を禁じている。
警視庁は11月に横浜市で開かれるアジア太平洋経済協力会議（ＡＰＥＣ）首脳会議を前に、警備訓練や会議を行うなど国際テロへの警戒を強化している。》
（２０１０年10月30日　共同通信　朝刊メモ）

《「意図的流出の可能性も　フォルダーに公安部幹部名」

警視庁公安部などが作成したとみられる文書が、インターネット上に流出した問題で、流出したデータに流出元の個人情報が含まれていないことなどから、意図的な流出だった可能性もあることが分かった。

警視庁によると、ファイル交換ソフトを介したデータ流出では、流出元の個人情報も含まれることが多いが、今回は流出元を特定できるような情報は確認されていない。流出の過程で捜査資料とみられる文書だけが抜き取られた可能性もあるが、流出が判明した時期がアジア太平洋経済協力会議（ＡＰＥＣ）首脳会議の約２週間前と直前で、データが入ったフォルダー名に公安部幹部の実名が使われていたことなどからも、警視庁は意図的な流出の疑いもあるとみて調べている。》

（２０１０年11月２日　共同通信　夕刊メモ）

「誰が何のためにこんなことをしたのか……」

ある公安捜査関係者はこの事案の発覚当時、真っ青な表情でこう話していた。筆者は流出したファイルを閲覧したが、衝撃をうけたのを覚えている。ひとつひとつのタイトルを取ってみても、公安捜査の内情を肌で感じることができる文書ばかりだ。

「解明作業進捗状況」「外事課長会議　国際テロリズム対策課長指示」「警察庁報告日報」「ＴＲＴ２班員名簿」「サミット本番に向けた首都圏情勢と対策」など、警視庁関係者ならずとも公安の極秘資料であることがわかる。

警視庁などが作成したとみられ、インターネット上に流出した文書は、国際テロにかかわる情報収集活動を記したデータが大半だ。国際テロ捜査を担う外事警察部門の水面下での動きが手に取るようにわかる。

「流出した文書の一部の書式を見たことがある」と明かすのは公安部の元幹部だ。

「協力者や捜査員の個人情報はもちろん、どれも絶対に外に出てはならない書類ばかりだ」

「要警戒対象視察結果」

こう記された文書には、都内のイスラム圏の大使館やイスラム教の礼拝所・モスクの近くに拠点を設け、出入りする人や車をチェックした結果を時系列で記載している。重要人物の動静や把握していない人物の尾行、在留資格の調査や金融機関への口座照会の記録が並んでいる。

愛知県内のモスクなどを調べた報告書では「北海道洞爺湖サミット期間中、要注意人物6人の行動確認を実施したが、所在不明となった者や容ぼうが急変した者はなかった」との結論が書かれている。

情報源の育成方法を記した「提報者作業の推進マニュアル」は、在日イスラム系社会の内部情報を得るためどのように提供者を獲得するかのマニュアルだ。人選段階から順を追って解説していて、「接触方法」の記載では「自宅ではなく勤務先や学校へ訪問し、同国人のいない時間帯、場所も確認する」「善意の訪問であることを説明」と記している。

イスラム圏の大使館職員の給与について振り込み状況を確認した文書には、職員の視察記録も加えられ、特に駐在武官の資金の動きに注目するコメントもある。

万全のセキュリティーだった

自らが所属していた「国際テロリズム緊急展開班員名簿」の流出に伴って顔写真や連絡先、経歴などが流出した公安部捜査員は、流出以降、不特定多数の電話の着信に悩まされることになったという。ほかにも家族の氏名や実家の住所・連絡先まで流出してしまったため、転居を余儀なくされる捜査員もいたそうだ。

「マスコミ関係者も含め、とにかく不審な電話がひっきりなしにかかってくる。仕事にも支障をきたすようになってしまった。保秘が原則の公安捜査、こちらの手の内が抜けてし

まったことも大きい」（前出・公安捜査関係者）

被害は捜査の現場だけにとどまらなかった。モスクに出入りする人々の視察記録なども流出したため、個人情報が漏れたイスラム教徒たちからの批判が警視庁に集中した。

その後、イスラム教徒らはプライバシーや名誉、信教の自由を侵害されたとして国と東京都を相手取り損害賠償訴訟を起こしている。東京地裁は原告の訴えを認めて、国と都に対し、約９０００万円の賠償を命じている。

情報流出に伴う被害は深刻だった。

一方、人事一課監察係と公安部公安総務課の特命班の捜査は着々と進められていた。容疑者はいまだ特定できていなかったが、偽計業務妨害容疑でプロバイダー２社から接続記録と契約者情報を押収するなど強制捜査に踏み切っている。

警視庁の情報流出を巡っては２００７年に、北沢署巡査長の私物パソコンからファイル共有ソフトのＷｉｎｎｙを通じて捜査資料が漏洩したこともあった。捜査関係者は「この問題後、文書管理の厳しい内部規定が設けられた」と明かす。

文書は全庁共通のサーバー「けいしＷＡＮ《ワン》」で管理。職員はパソコン使用時にＩＤを入力、パスワードか指紋認証システムでログインするが、パスワードは3か月に1回程度変更しなくてはならない。アクセスできるデータも制限が付いている。担当業務や階級ごとに細かく設定され、許可なくＵＳＢメモリなどを接続すれば、即座に、総務部情報管理課に通報される仕組みになっている。

警察当局内には「流出した資料は所管もバラバラで横断的。全て見られるのは幹部クラスしかいない」との声もあるが、文書は暗号化されており、持ち出しても外部での閲覧は不可能とされる。

文書は、警察庁と警視庁のそれぞれの担当課で保管されていたとみられる。だが警察庁のシステム「警察庁ＷＡＮ」も警視庁と同様のセキュリティーを施しており、いずれにせよ安易に持ち出せる状況にはないだろう。

文書はルクセンブルクにあるサーバーを通じ２０１０年10月28日午後10時ごろからネット上で確認された。警視庁は国内外の関係機関に協力を求めたが、捜査幹部らは「ルクセンブルクの前に複数の海外サーバーを経由していれば、さかのぼるのは至難の業」と話していた。

持ち出し困難な内部文書と難航する流出経路の特定。ある幹部は「内部の者から高度なネット知識を持つ外部の者への漏洩も否定できない」と主張する。

発覚は、アジア太平洋経済協力会議（APEC《エーペック》）首脳会議まで約2週間というタイミング。当局内には「警察の機能停止を狙った」という「情報テロ」との見方もあるが、動機も判然としない。監察関係者は「流出元にたどり着くには相当の時間を要するだろう」と苦悩をにじませていた。

特命班は流出元の捜査を急いでいた。そもそも、今回の流出では匿名化ソフト「Tor《トーア》」が使われていた。そして、経由したサーバーは、ルクセンブルクの1か所だけだった可能性が高いことが、警視庁に協力した民間のセキュリティー会社の分析で判明している。

セキュリティー会社によると、複数のサーバーを経由した場合に比べ、流出源の特定につながりやすい。ただ、ネットカフェや無線LAN《ラン》が使用されたケースなどでは特定が難しくなる。

監察と公安の特命班は、ルクセンブルクのサーバーの管理会社などに協力を要請、アクセスされた日時や通信機器の識別番号に当たるＩＰアドレスなどの解析を進めた。

一方、ルクセンブルクのサーバーはレンタルで、使用料は月額59ユーロ（約６６００円）だったことも判明。支払いに、クレジットカードや金融機関への振り込みが利用された可能性が高かった。

さらにネット上に流れた翌日の10月29日午後に約２時間にわたって、流出した圧縮ファイル名に使われた特定の単語が少なくとも７回、検索されたことも判明していた。

検索されたのは、いずれも公安部幹部の名字が付いたファイルで、セキュリティー会社の担当者は「意図的にデータを流した人物が、拡散状況を確認するために自分で検索した可能性がある」としている。

監察のみならず、公安総務課ハイテク班の活躍で、流出元の特定にはさほど時間がかからないように見えた。

３８０人の警察官から事情聴取

しかし、特命班の捜査力をもってしても、流出元の特定にはなかなかつながらない。そもそも流出した文書は「警視庁公安部外事三課」のものがほとんどだった。次いで登場するのが「警察庁警備局外事情報部国際テロリズム対策課」に関する文書だ。

特命班ではこの文書に関連する全ての関係者合わせて約380人から聴取を始めていた。その過程で大半の作成元とみられる警視庁公安部外事三課では重要な事実が浮上していた。

外事三課では庁内のLANシステム「けいしWAN」に接続したパソコンのほか、担当ごとに配備されたシステム未接続のパソコンが存在していたのだという。その「スタンドアローン」のパソコンは主に警部補以下の捜査員が、資料の作成や保存をする際に使用していた。

流出文書の中には担当別に扱う資料が混在し、未完成のものもあるため、ある捜査幹部は「複数の未接続のパソコンから、少しずつデータを集めたのでは」との見方を示す。ただ、公安部OBは「未接続パソコンでも記憶媒体を使えば履歴は残ってしまう。持ち出しに成功しても暗号化によるセキュリティーがかけられており、市販のパソコンでは開くことができないはずだ」と指摘する。

流出したものの中には警察庁や愛知県警が作成したとみられる文書もあり、監察関係者は「仮に内部の人間だとしても容易に絞り込める状況ではない」と話した。

国際テロ捜査関連文書の流出が発覚してから2か月が経過した2010年12月24日。「捜査資料の可能性が高い」として、警視庁が事実上内部文書であることを認めたのである。

この日、中間報告のための記者会見で、櫻澤健一警務部参事官・人事一課長が、「極めて遺憾であり、申し訳なく思います」と、深々と頭を下げる場面もあった。

警視庁本部9階の会見室。午前10時15分から始まった会見には、70人近い報道陣が集まった。

「職員が取り扱った蓋然性《がいぜんせい》が高い」

「不安や迷惑を感じる方々がいる事態に至ったのは極めて遺憾」

櫻澤は、報道陣に配られた資料には記載されていない「申し訳ない」との謝罪の言葉を付け加えた。

カメラのフラッシュがたかれる中、手元の資料をめくり慎重に言葉を選ぶように説明を続ける。

「なぜこの時期の公表なのか」

「セキュリティー上の不備とは何か」

矢継ぎ早に飛ぶ質問に、櫻澤は終始ゆっくりとした口調で答えたものの、質問とかみ合っていなかった。

「国民の関心が非常に高い」

「中間的な説明で責任を果たしたいと考えた」

自ら「異例」と語った会見は約1時間後の午前11時10分ごろに終了。櫻澤は退席の際、あらためて頭を下げた。

一方、警察庁では北村滋・警備局外事情報部長（現・内閣情報官）が記者団に経緯を説明。個人情報が流出した人に対し、「誠心誠意、対応したい」と力を込め、公安警察としての影響を問われると「今まで以上に信頼を得るように頑張るしかない」と述べた。

中間報告の段階で警察の内部文書と事実上認めたことについて、監察関係者が説明する。

「世間の批判をかわしきれなくなっていた。イスラム教徒の訴訟では敗訴が確定するのが目に見えていたし、苦肉の策として『蓋然性が高い』という表現を使ったんだ」

同日に発表された警察庁の中間報告文書でも同様の記載がある。

《本件データには、警察職員が取り扱った蓋然性が高い情報が含まれていると認められるが、それらにつき、警察が作成し、又は保管しているものであるか否かをあえて個別に明らかにすることは差し控えたい》

（国際テロ対策に係るデータのインターネット上への掲出事案に関する中間的見解等について　平成22年12月　警察庁）

流出元にはたどり着くことができないのか。流出させた人物の真意はどこにあるのか。

監察関係者が犯人像についてこれまで公になっていない事実を明かしてくれた。

「我々は流出したある文書に注目した。それは関係が深い人物に宛てたとみられるメモとも読めるものなんだ」

実際の文書を入手した。

ファイルのタイトルは「国テロ課（筆者注：警察庁警備局外事情報部国際テロリズム対策課）か

らリクエスト」となっている。

《本件については、これまでに国テロ課からいただいていた参考情報で、今後もいただきたい資料です。
○来日タブリーグ関連情報
～タブリーグ宣教団の来日及び国内巡回動向（メンバーの人定に関することも含む）
○モスクをはじめとする各イスラム・コミュニティーに関する情報
～イスラミック・センター・ジャパン（ICJ）
～イスラミック・サークル・オブ・ジャパン（ICOJ）
～日本イスラム学生協会（MSAJ）
～日本ムスリム協会～その他警視庁管内のイスラム・コミュニティーに関する情報
○管内対象団体情報
～イラン大使館、イラク大使館、シリア大使館、パレスチナ代表部などの行事に関すること、館員の動向に関すること、要人来日に関すること、その他の特異動向など

○国テロ課　関心事項関連情報
～イスラム墓地建設に関すること
～イスラム学校設立に関すること
～その他の関心事項
※一日いつでも何回でも、また参考情報になるかどうか迷った時も、とりあえず送ってください。》

この文書が流出元を特定するカギになると公安部ＯＢは説明する。

「公安部幹部が、各署の捜査員に指示する会議などで注意を促す点を項目別にまとめたメモではないか」

一方、別の公安捜査関係者はこの文書について「個人間でやりとりしたメール。何者かが国際テロリズム対策課に在籍する知人に情報を求めている」と解釈。流出元の特定については「発信者や受信者を特定し、パソコンの記録を追えれば関係者の絞り込みが進むかもしれない」と分析する。公安部外事三課と国際テロリズム対策課に所属している人物が流出させたのだと推察されたのだった。

庁内システムを通さずにアクセスできるパソコン

さらに特命班の捜査で、公安部外事三課には庁内のシステムを通じずにアクセスや持ち出しができるパソコンが存在していたことがわかった。

流出した文書の中には「書きかけ」や「誤字・脱字」があるものも多く含まれていた。これは何を意味するのか。監察関係者が説明する。

「公安部外事三課では個人用のパソコンは持ち込み禁止で、支給されたパソコンで業務にあたる。インターネットにつなぐことは厳禁となっている。三課員たちは支給されたパソコンを使う際には一人ひとりに与えられたＩＤを入力し、指紋認証を経てサーバーにアクセスするシステムになっている。支給パソコンにＵＳＢメモリを差し込めば、警報音が鳴り、総務部情報管理課の担当者が飛んでくる。だからデータをＵＳＢメモリにコピーして持ち出すことは基本的には不可能なんだ」

監察関係者が続ける。

「特命班の調査の結果、外事三課にはもう1台のパソコンが存在することがわかったんだ。サーバーにつながっていない完全に独立した『会議用パソコン』がそれだ。文字通り、警察庁や他の官庁に出向いた際に使用するためのパソコンで資料を入れて持ち運んでいた。いわゆるスタンドアローンのパソコンが存在したということ」

この監察関係者によれば「会議用パソコン」には「支給用パソコン」でしか閲覧できないデータをコピーすることができたという。支給用パソコンに特別に許可されたUSBメモリを差し込みコピーして会議用パソコンにデータを移すことが可能だったのだ。そして会議用パソコンには特別に許可されていないUSBメモリを差し込んでも警報は鳴らない。

監察と公安部の特命班の捜査の結果、「支給用パソコン」「会議用パソコン」に加えて、もう1つのパソコンが存在しているのが判明する。

「それが『専用回線パソコン』なんだ。専用回線とは支給されたパソコンがつながるサーバー以外の専用回線のことをいう。それは入国管理局や東京税関など捜査に関する情報を他官庁とやりとりするための専用回線のこと。この専用回線パソコンが外事三課には3台存在していたんだ。

専用回線パソコンは、ＩＤの入力や複雑な認証制度もなく、外部媒体を挿しても警報は鳴らない」（前出・監察関係者）

特命班の約３８０人への聴取結果から浮上したのは、この専用回線パソコンが、外事三課の捜査員が自由に使えるフリーのパソコンになっていたという事実だった。

「外事三課員の間では、本来の『支給用パソコン』のログインの煩雑さから、実は『専用回線パソコン』で文書や報告書を作成する者が多かった。流出資料から書きかけや誤字・脱字の文書が多く見つかったのは、この専用回線パソコンからデータがコピーされていったことを物語っている。流出源はＵＳＢメモリでここからコツコツとデータを集め、全世界にばら撒《ま》いたんだよ」（同前）

その後、インターネットの匿名化システムが障壁となり流出元は特定されないまま、２０１３年10月29日、事件は時効を迎えた。

もっとも、時効を迎えたといって、それで終わりではない。警視庁内部から流出された可能性が高い以上、メンツは丸つぶれだ。監察係は現在でも、犯人特定につながる情報を極秘裏に収集し続けているという。

公安捜査関係者は一連の事態を振り返り、ただ嘆息するしかなかったという。

「内部の人間の組織への怨念が情報を流出させたのか。いずれにせよ、公安部外事三課は情報機関としての権威が失墜し大きなダメージを受けたことに変わりない。海外のカウンターパートや協力者から信頼を取り戻すのに一体どれくらいの年月を必要とするのだろうか」

警視庁の受けたダメージは、計り知れないほど大きかった。

第7章
組織再生のための存在

監察機能を強化せよ

2017年4月。東京霞が関の警察総合庁舎の大会議室では、全国の警察から首席監察官ら140人が一堂に会していた。

全国首席監察官会議――。一連の警察不祥事を受けて2000年に発足した警察刷新会議で提言されて以来、年に1回開催されている会議だ。

開始時刻になると坂口正芳・警察庁長官が立ち上がり訓示した。

「2016年中の懲戒処分者数は4年連続の減少となりましたが、飲酒運転など重大な事案がいまだ発生しています。警察活動は国民の協力の下に成り立っており、それを支えるのは国民の信頼しかありません。事案を起こした職員の処分を目的とした調査を行うのみならず、原因や背景を分析し的確な措置を講じられたいのであります」

監察官の地位はかつてに比べて向上している。組織内部でもエリートのポストとして定着してきている。そもそも監察の役割は一にも二にも「組織防衛」であった。そのためにとにかくキャリア、ノンキャリアを問わず非違事案・不祥事の芽を摘むのが監察の使命となっていた。しかし、警察不祥事は絶えることはない。

不祥事が相次いで起こると対策を強化する。これをただ繰り返す対症療法でしかなかった監察機能をより発展させようという動きが警察当局内部から出てきている。

監察機能の強化は2000年の一連の警察刷新会議以降、模索されてきた。全国の警察で不祥事が相次いでいたことを受けて、政財界、マスコミなどから構成する有識者会議がこの刷新会議だった。警察庁ではその後も、全国警察で不祥事案に対処する監察担当者に向けて、監察機能についての研究・報告を続けている。

筆者は監察に関する、ある研究報告書を見てみた。

表紙の題名には「警察における監察業務の高度化等のための施策に関する報告書」とある。下部には外部の有識者などで構成される「平成25年3月監察業務の高度化等に関する検討会」と記載されている。ページ数はA4サイズで15ページに及んでいる。

「はじめに」と題したプロローグ部分には、「本検討会は、……警察行政の透明性の確保と自浄機能の強化をより確かなものとするため、警察における監察業務の高度化に資する施策の在り方等について検討するために開催された」とある。

そして施策の検討にあたり、次の2点を考慮したとしている。

①新たな施策は、実効的に機能させなければならない。しかしながら、現在、個々の職員の中には、監察の機能を非違事案の責任追及のみと考える者や監察に対して心理的な抵抗感を感じる者もおり、必ずしも非違事案につながりやすい問題点を早期に把握し、その是正や業務改善を行うという監察の機能が効果的に発揮されていない状況にある。そこで、本検討会においては、新たな施策を実効あるものとするため、個別の施策の検討に先立ち、警察における監察の機能を前向きに捉え直し、これを理念として確立し、個々の職員に理解・浸透させることを特に重視した。

②新たな施策は、現行の監察に係る制度の利点が最大限に活かされるものとすべきである。すなわち、現行制度においては、監察業務そのものについては、専門的・技術的知見を有する警察が担い、それに対し公安委員会が第三者的立場から監視・監督を行うこととされているところ、かかる枠組みを十全に機能させることが、監察の高度化・強化につ

ながると考えられる。そこで、本検討会においては、このような観点を踏まえつつ、個別の施策の実効性等を検討することとした。

①は端的に言えば「監察のイメージチェンジを図る」ということであり、②は監察を監督する「公安委員会の機能を活性化させる」ことである。

報告書では「監察の理念の確立」と「その徹底」をまず展開していく。

「非違事案は起こり得るもの」という前提に立て

（1）監察の理念

警察組織における監察部門は、

「非違事案に対する責任追及のための調査等をするのみでなく、組織のリスク管理の観点から、非違事案につながりやすい組織上の問題点を把握し、その是正や業務改善を行うことにより、職員が働きやすい能率的な職場環境を構築するとともに、国民の期待と信頼に応える警察活動の推進に資する部署である」

という理念を確立し、職員の監察制度に対する意識を変えていくべきである。例えて言えば、監察部門は「警察の憲兵隊」ではなく「組織の医者」であり、組織の「健康」（＝健全性）を保つため、「検査」（＝調査）「診断」（＝問題点の把握）「投薬」「手術」（＝是正措置）「予防」等の多様な手段を講じるものである。

あわせて、問題点の早期把握と適切な対処のためには、「非違事案はあってはならない」といった組織における「無謬《むびゅう》性神話」を排し、「非違事案は起こり得るもの」という前提に立つこととし、職員が「無謬性神話」に束縛されて判断や対応を誤ることのないよう意識改革を図るべきである。

なお、「組織の医者」としての観点から、責任追及の対象として一括りにされている「非違事案」の概念そのものを、組織の業務改善につなげることができる形に再構築するのが望ましい。

（2）理念の徹底方策

監察の理念を確立させるため、全国警察のトップである警察庁長官や都道府県警察のトップである警察本部長、そして現場のトップである警察署長は、確固たる姿勢で、各種会議等において、積極的かつ継続的にこれを発信することにより、組織に残存している旧来の意識を抜本的に改めていくべきである。（以下略）

続いて、非違事案の未然（再発）防止対策の強化を具体的に説明する。

（1）警察庁及び都道府県警察が実施する監察の在り方

ア　リスクベース・アプローチ

監察は、形式的・網羅的に幅広い調査項目を設定することにとらわれず、対象となる分野ごとに非違事案が発生するリスクが高い業務領域を分析し、当該領域に重点を置いて行うべきである（リスクベース・アプローチ）。これにより、各業務部門側は、重点的に取り組むべき事項に対し、限られた資源を効率的に投入することが可能となる。

イ　監察の手法

警察における監察についても、「不備指摘型」から「指導型」への転換が必要である。すなわち、形式的な書類の精査を行い、重箱の隅を突くようなミスの指摘を中心とする「不備指摘型」の手法ではなく、書類の精査に過度に依存せず、職員に対する応問により組織風土の問題点を含めて実態を把握し、組織の業務改善に向けた指導も行っていく「指導型」の監察を指向すべきである。また、監察の実施を事前に通知するばかりでなく、抜き打ち的な手法も活用するべきである。（以下略）

「監察も時代に合わせて変わらなくてはいけないことは確かだ」

こう話すのは、現在所轄署の警務課に勤務する監察官だ。報告書に記載されている監察機能の高度化の理念について改めて尋ねてみた。

「正直、この理念を浸透させるのは難しいのではないか。監察は組織を守ることがまずは最優先だから。組織へのイメージの傷口を拡げないようにしつつ、非違事案対象者にはなるべく早く組織から去ってもらう。それができなければ所轄署をたらいまわしにして徹底的に冷遇する。あらゆる手を使って懲戒処分を出す。そのためには蛇蝎《だかつ》のごとく嫌われても構わない。それが監察の存在理由だと思う」
「組織の犬」と非違事案対象者から逆に罵られた経験を持つ別の監察関係者は言う。
「指導型の監察なんて絶対にできっこない。所詮、絵に描いたモチだよ。理想論に過ぎない。監察の使命はただ1つしかない。組織のガンを取り除くこと。これに尽きる」

「SSBCの幹部を更迭せよ」の内部告発

膨大な防犯カメラの画像を収集し、解析して犯人の逃走経路などを炙り出して追い詰める。そんな分析捜査を実施し、プロ集団としていま一躍注目を集めているのが、2009年に発足した警視庁刑事部の附置機関「捜査支援分析センター」だ。その頭文字を取った「SSBC」の方が一般的になりつつあるかもしれない。

その名の通り捜査支援を行っている部署として、刑事部捜査一課のみならず、全庁の捜査部門から防犯カメラの画像、パソコン、スマートフォンなどの解析依頼が連日、山のように押し寄せている。

その今をときめくSSBCで今、ある騒動が巻き起こっているのだと監察関係者は言う。

「警視庁のプロパー警察官と民間から中途採用された特別捜査官の激しい権力闘争が起きているんだ。前代未聞の動きで監察としても注目している」

　複数の捜査関係者の話を総合すると、2016年から在籍するSSBC幹部のA氏が発端となっているという。

　SSBCは2009年の発足当初、捜査一課や機動捜査隊など刑事部門からの転入者がメンバーのほとんどを占めていた。そして、実際の技術的な解析を行う特別捜査官は1割にも満たなかった。しかし、発足8年目となる2017年4月現在では実に7割が特別捜査官になってしまっている。つまり、警視庁プロパーが少数派となってしまったのだ。

　その特捜官派閥を仕切っていたのがA氏だった。A氏は有名国立大学を卒業後、通信会社に入社。その後、警視庁の中途採用試験に合格し、コンピューター犯罪の特別捜査官として入庁を果たしたのだった。入庁後はそのキャリアを活かし、捜査一課ハイテク犯罪捜査係などでインターネット上の脅迫事件などを担当している。

　A氏は幹部として、特別捜査官を優遇し、逆に警視庁プロパー組を冷遇し続けたとされる。その事実は人事一課監察係に「内部告発（タレこみ）文書」という形で届けられた。

関係者によると、文書は次のような要旨だったという。

《監察係御中
告発文

捜査支援分析センター内部の権力闘争はAが元凶。優秀な刑事専務員を次々に放出し、代わりにひ弱な技術者である特捜官ばかりを登用している。

当センターが第二の科学捜査研究所となってしまいかねない事態を憂慮している。

即刻、Aを更迭していただきたい

SSBCを守る有志一同》（Aのところは実名が記されている）

人事一課監察係では、SSBCに所属する2人の警察官が文書を投稿してきたのをすでに確認している。

「警視庁OBも関与している可能性がある。警察プロパーの威信を守るという大義名分のもとで話が大きくなっている。現場の捜査にも支障をきたすおそれもあるだけに早めの対処をする」

人事一課監察係では、現時点では懲戒処分に該当するような事実はないとしながらも、不満分子が溢れてSSBCの組織が不安定になり、非違事案がいつ発生してもおかしくない状況になるとして、関係者の調査に乗り出しているという。

警察組織を守るために「鬼手仏心」で臨む監察。

組織内対立を収めるという、新たなミッションが「ジンイチのカンサツ」に加わったのだった。

*

かつて警視庁ではないが、現職の神奈川県警警部補が覚せい剤を使用し、それをキャリアである県警本部長や非違事案を取り締まるはずのノンキャリアの監察官室長までもが隠ぺいに加担した日本警察史に残る大不祥事が発覚したことがある。１９９９年11月のことだ。前代未聞の組織ぐるみの隠ぺい事件だった。

この事件では証拠隠滅と犯人隠避という刑事罰が科されたほか、規律違反行為でもあり懲戒処分も発せられている。

県警本部長（キャリア）懲役1年6か月・執行猶予3年／懲戒処分できず
警務部長（キャリア）懲役1年・執行猶予3年／警察庁キャリア初の懲戒免職
監察官室長（ノンキャリア）懲役1年・執行猶予3年／懲戒処分できず
監察官（ノンキャリア）懲役1年・執行猶予3年／懲戒免職
生活安全部長（ノンキャリア）懲役1年・執行猶予3年
薬物対策課長（ノンキャリア）停職3か月＝依願退職
外事課長（キャリア）停職3か月＝依願退職

実に4人の幹部の首が飛ぶことになったのである。
こうした非違事案を本来取り締まるはずの監察機能はなぜ働かなかったのか。
当時を知る警察庁関係者は言う。

「監察官が本来の任務を全うするためには、組織にとってどんなに都合の悪いことでも、まず勇気を持って報告し進言できなければならない。その上司も不都合な現実から目を背けず直視しなくてはいけない。その視点が欠けていたのが神奈川の事件だった」

政治学の格言には「権力は腐敗する。絶対権力は絶対腐敗する」という言葉がある。

警察官は犯罪を取り締まる立場にあるため、自らは襟を正して、人から指弾されるような非違・信用失墜行為は慎まなければならないという宿命を負っている。それに向き合い続けなければいけないのが監察なのだ。

おわりに

警視庁を担当していて最も得体が知れない集団と感じていたのが、人事一課監察係だった。

非違事案レクチャーの際に壁際にずらりと並ぶ監察の面々はいずれもダークスーツに白ワイシャツ姿でみなロボットのように見えた。

「監察をあまり美化しないでほしい」

筆者が本書の構想を、ある警視庁幹部にぶつけた際に、彼は筆者にこう話した。この警視庁幹部はかつて監察にひどい仕打ちを受けたのだという。

「ある非違事案の対象者の数名の中に選ばれてしまったことが発端だった。いまだに監察は自分を疑っていると思う」

この幹部に対して懲戒処分は出されていないが、警視庁は1年ごとの「横滑り異動」を繰り返している。自宅から現在勤務している警察署までは実に1時間40分かかるという。

組織のために徹底的に「ドS」になる。それが美化することが困難な「監察」の本質なのかもしれない。

監察の存在はミステリアスでいつかテーマにしたいと考えていた。組織に忠実に法令遵守を半ば強引に推し進める監察は、民間企業のコンプライアンス担当に通じるものがあると感じているのは筆者だけだろうか。

読者の皆さんにも本書で挙げた実例を、会社や所属する組織内部の問題と置き換えていただき、「監察眼」で改めて眺めてみてほしい。

本書の執筆を筆者に勧めて下さった小学館の小川昭芳編集長には毎月1度の打ち合わせを通じ、有意義な時間とためになるご指導をいただき、本当にお世話になった。

そして、取材に協力してくれた多くの警察関係者たちに感謝の言葉を申し上げて筆を擱《お》くこととしたい。

2017年11月　　今井　良

巻末資料・警視庁監察規定（一部省略）

第1条　この規程は、警察諸般の実態を把握して適正な警察運営と厳正な規律を確保し、併せて執務の刷新改善に資するために実施する監察について、必要な事項を定めることを目的とする。

第2条　監察の種類は、次のとおりとする。

(1)　総合監察

(2)　月例監察

(3)　随時監察

(4)　特別監察

第3条　監察実施計画は、毎年度、次に掲げる事項について作成し、東京都公安委員会に報告する。

(1)　監察の種類

(2)　監察の実施項目

(3)　監察実施概要
(4)　監察の対象とする部署
(5)　監察の時期

第4条　第2条各号の監察は、監察執行官が実施するものとする。
2　総合監察、月例監察及び特別監察における監察執行官は、警務部長とする。この場合において、警務部長は、必要によりその監察を方面本部長又は警務部長が指名する者に代行させることができる。
3　随時監察における監察執行官は、方面本部長とする。

第5条　監察執行官は、監察を実施する上で必要があるときは、所属長又は所属長を通じて個々の警察職員に対して、資料の提出を命じ、もしくはその説明を求め、又は指定した日時及び場所に出頭を求めることができる。

第6条　方面監察官は、警務部長の命を受け、担当方面区内における監察の事務を整理するものとする。
2　方面監察官は、各方面本部に置く。

第7条　監察従事員は、監察執行官を補佐し、その命を受けて監察の事務に従事するものとする

2　監察従事員は、方面本部に勤務する警察職員とし、また、必要により警視庁本部（警察学校を含む。以下「本部」という。）に勤務する警察職員のうちから警務部長がこれを命ずることができる。

第8条　総合監察は、警察署の総合的な運営状況について、実施するものとする。

第9条　警務部長は、総合監察を実施するに当たっては、次に掲げる事項について実施計画を定め、方面本部長及び警察署長に通知するものとする。

(1)　監察日時及び場所

(2)　監察方針

(3)　監察項目

(4)　監察対象

(5)　監察実施要領

第10条　警務部長は、総合監察の実施に当たっては、必要な資料の提出及び第7条第2

項により監察従事員を命ずるために必要な本部に勤務する警察職員の差出を、各部長（警察学校長を含む。以下同じ。）に要請することができる。
2　各部長は、前項の要請があった場合は、これに協力するものとする。

第11条　監察執行官は、総合監察が終了したときは、警察署長に対し監察結果について講評を行うものとする。

第12条　月例監察は、警務部長の定める監察重点に従って、警察署に対し、原則として各月ごとに実施するものとする。

第13条　月例監察の監察重点は、総合監察の実施計画との関連性に配意し、その時期において監察を必要と認められる事項について、その都度警務部長が定めるものとする。
2　前項の監察重点を定める場合において、警務部長は方面本部長の意見を求めるものとする。
3　各部長は、主管事務について特に月例監察の実施を必要とする事項があるときは、警務部長に、当該事項について監察の実施を要請することができる。

第14条　随時監察は、担当方面区内の警察署又は警察職員に対して、監察を必要とする事項について、必要の都度実施するものとする。

第15条　特別監察は、警察の能率的な運営又はその規律の保持のため、速やかに監察の必要がある場合に実施するものとする。

第16条　監察執行官は、監察が終了したときは、速やかにその結果を取りまとめ意見を付して、警視総監に報告するものとする。この場合において、随時監察については、警務部長を経て行うものとする。

第17条　前条の報告による監察の結果は、総合監察、月例監察及び随時監察については四半期に1回、特別監察については実施の都度、東京都公安委員会に報告する。

第18条　監察執行官は、監察の結果に基づく改善の必要がある事項その他参考となる事項等を、監察を受けた所属長に指示するものとする。

2　前項の指示を受けた所属長は、当該指示により事務改善等の措置を行った場合は、速やかに警務部長及び担当方面本部長に報告するものとする。

今井 良［いまい・りょう］

1974年、千葉県生まれ。ジャーナリスト。中央大学文学部卒業後、NHKに入局し、地方局や東京の報道局ニュースセンターでニュース番組の制作に10年間携わる。その後、民放に移籍し、警視庁キャップなどを歴任。著書に『警視庁科学捜査最前線』『マル暴捜査』（新潮新書）『テロVS.日本の警察』（光文社新書）がある。

編集：小川昭芳

警視庁監察係

二〇一七年 十二月四日 初版第一刷発行

著者 今井 良
発行人 清水芳郎
発行所 株式会社小学館
〒一〇一－八〇〇一 東京都千代田区一ツ橋二ノ三ノ一
電話 編集：〇三－三二三〇－五一一七
販売：〇三－五二八一－三五五五

印刷・製本 中央精版印刷株式会社

Printed in Japan ISBN978-4-09-825294-7